imaginist

想象另一种可能

理
想
国
imaginist

龙应台作品

美丽的权利

广西师范大学出版社
· 桂林 ·

图书在版编目(CIP)数据

美丽的权利 / 龙应台著.
—桂林：广西师范大学出版社，2016.1
ISBN 978-7-5495-7825-2

Ⅰ.①美… Ⅱ.①龙… Ⅲ.①散文集 – 中国 – 当代
Ⅳ.①I267

中国版本图书馆 CIP 数据核字 (2015) 第 302414 号

广西师范大学出版社出版发行

桂林市中华路22号　邮政编码：541001
网址：www.bbtpress.com

出 版 人：何林夏
全国新华书店经销
发行热线：010-64284815
肥城新华印刷有限公司

开本：960mm×635mm　1/16
印张：18　字数：200千字
2016年1月第1版　2016年1月第1次印刷
定价：36.00元

如发现印装质量问题，影响阅读，请与印刷厂联系调换。

目 录

面 对

　　台北的书店明亮华丽，纸张昂贵、设计精致的书映眼满坑满谷，有点排山倒海的架势。新书上市不到一星期，已经被下一波更新的书淹上来，覆没，不见了。隔天的旧报纸还可以拿去包市场里的咸鱼，书，连被卖掉的机会还没有就已被卸下、遗忘。那被卖掉的书也都是速食品，匆匆吞下，草草抛掉，下一餐速食又来了。

　　每次跨进那明亮华丽的书店，就难免自疑：我写书，在这20世纪末的时空里，究竟有什么意义？

　　这些文章，我知道，既不能为生民立命、为万世开什么太平，也不能教人如何"游山、玩水、看花、钓鱼、探梅、品茗"，享受人生的艺术。但是如果把我当做20世纪末中华文化里的一个小小的典型，这些文字也许在有意无意间体现了我们这个时代的焦虑。

　　焦虑，意味着面对问题追索答案而不可得的一种苦闷；苦闷促动书写，书写成为一种邀请，邀请有同样焦虑的读者共同追索。我所面对的问题往往出发自"我是什么"的自觉。

毫无选择地，我是中华文化的儿女。当我站立在耶路撒冷的山丘上，俯视公元前722年以色列国被灭亡的古迹，我必须联想，是的，大约在同一时候，我们的春秋时代开始。当我读欧洲史，知道1850年前后维也纳革命、米兰暴动、俄军镇压匈牙利革命等等，我不得不想起，是的，那时的两广正闹着大饥荒、上海市民攻击传教士、洪秀全正迈向广西桂平金田村……

我生来不是一张白纸；在我心智的版图上早就浮印着中国的轮廓。我读万卷书、行万里路，却总是以这心中的轮廓去面对世界，正确地说，应该是西方世界。怎么叫"面对"呢？面对不言而喻隐含着对抗的意思。一个欧洲人，绝对不会说，他一生下来就"面对"东方文化，因为他的文化两个世纪以来一直是世界的主流，他生下来只有自我意识，没有对抗意识。而我的中国轮廓上却无时无刻不浮现着西方文化的深深投影，有些地方参差不齐，有些地方格格不入。

我在法兰克福与布拉格、维也纳与斯德哥尔摩之间来来去去，一方面质疑我原有的轮廓，一方面想摆脱那西方投影的笼罩。走到20世纪末，回首看见许多前人焦虑的身影：严复、康有为、胡适之、蒋梦麟……这条路，我们还没走出去。

毫无选择地，我是个台湾人。许多其他社会要花四百年去消化的大变，台湾人民短短四十年里急速地经验，从独裁到民主，从贫穷到富裕，还有因为太过急速而照顾不及的人生品质的鄙劣……我们这一代人因此对时代的变动、历史的推演有身受的敏感。而身为台湾人，所谓时代和历史又脱离不了他必须"面对"的海峡对岸的中国大陆。

我生下来，就不是一张白纸，纸上浮印着中原文化的轮廓。我以这个既有的轮廓去体验自己生长的台湾，逐渐发觉其间参差不齐、格格不入的衔接处。从国民党一党专政时期对中原文化的一厢情愿，到民主时期对中原文化的反省和对台湾本土的重新认识，以至于对"重新认识台湾"这个过程的戒慎恐惧，我无非在一贯地寻找一条不落意识形态窠臼的新路；我在对抗旧的成见。

毫无选择地，我是个女人。生下来便不是白纸，纸上浮印着千年刻就的男权价值体系。女人是温顺柔和、谦让抑己的，男人是刚强勇敢、积极进取的；男人的成功必须倚赖他身后一个牺牲自我、成全他人的辅助性的女人。带着这样一个先天印下的轮廓，我开始体验自己的人生，然后大惊失色地发觉：那格格不入之处远远地超过任何东西文化之争、任何大陆台湾之隔！社会，不管东方或西方，对女性的有形和无形的压抑带给我最切身的感受。

于是原来纯属抽象理念之辩的什么自由、人权、公平等等，突然变成和包子馒头一样万分具体的生活实践。我的"命"比苏青、张爱玲要好，生在一个原有价值系统已经相当松动的时代，但是相对地，我对于属于女性的人权、公平的要求也远比前辈高。面对男权社会的巨大投影，我在做我小小的对抗的思索。

最后，毫无选择地，而可能也是最重要的，我什么也不是，只是我自己。我对世界有着超出寻常的好奇；因为好奇，我得以用近乎童稚的原始眼光观照世界的种种，这种眼光往往有意想不到的穿透力。我对人和事又怀着极大的热情，热情使我对人世的山浓谷艳爱恋流连。别人的流连也许以华丽的辞藻托出，我却喜欢简单，总想让自己的文字如连根拔起的草，草根上黏沾湿润的泥土。作为我自己，我什么也不想面对，除了那一碧如洗的天空。

至于我必有的偏执与愚钝，那就要读者自己警觉了……

辑一

美丽的权利

胡美丽这个女人

和你一样，我有八年的时间没见到胡美丽。和你一样，我也想问她：这八年你到哪里去了？

我们坐在她卧房的落地长窗前，下午两点的阳光挥洒进来，想想看，冬天的阳光！我们不约而同将脸庞抬起，向着阳光，眯起眼睛。

德国的冬天使人想自杀，她说，你知道吗？今年12月，整整一个月，我们这里的人平均总共享受了十九个小时的太阳，十九个小时！以往的十二月，平均阳光照耀的长度是三十八个小时。

我张眼看她，阳光里是一张四十岁的女人的脸庞。皮肤的弹性和张力都松弛了，皱纹爬满了额头和眼角，眼睛下面浮起眼袋。

你憔悴了，胡美丽，我说。

她没好气地睨我一眼：还用你来说吗？我们这种一年回国一次的候鸟最倒霉，一到台北，每一个人抬头看到你，第一句话就是：

"你憔悴了！"因为他们自己之间相濡以沫天天对看，不觉得自己变老；我却是让他们一年看一次，每一次他们就对照去年的印象，于是每次都像看到鬼一样，说，哎呀，你憔悴了！好像他们自己青春永驻哩！

她半认真地发了阵牢骚，然后八岁的儿子进来问："妈妈，我们可不可以看电视？"她鼓起眼睛作出很凶的样子骂道："时间还没到看什么电视不是讲好每天从4点看到5点现在才2点半你知道吗！"

大儿子嘟着嘴出去，四岁的小儿子四脚落地用爬地进来，在胡美丽脚边磨着，嘴里还喵呜喵呜地叫着。做妈的笑着就要去搂他，他挣扎着不让她抱，说："你不要抱我，我是你的猫咪，你丢一条鱼给我吃——"

等两个孩子都到邻家玩去了，我才有机会问她：为什么她消失了八年？

我呀？她把腿长长地搁在另一张椅子上，两只手臂往后托着脑袋，脸仍又向着阳光，我呀？在闹中年危机，闹中年危机的人怎么写作？

中年危机闹了八年？我傻了眼，是不是太长了一点？

以下，是胡美丽在那个有阳光的冬日午后对我说的话。她穿着条脏脏旧旧的牛仔裤，光着的脚搁在椅子上。向着阳光的脸庞，看起来还是那么任性。

龙应台，二十岁的时候，我以为世界上没有不可解决的问题，就是被人口贩子拿去卖了沦为军妓，我都有办法再站起来，只要有意志力，人随时可以拯救自己。堕落是弱者的自愿选择。

三十岁，我觉得女人只要有觉悟，她可以改变社会、改变自己。1985年为什么写《美丽的权利》？因为那个时候的台湾竟然还有女职员由于结婚怀孕而被迫辞职——那是九年前，这情况在九年后改变了吗？没有！去年就有一桩。这等于证明，写了文章也没用。

女人只是男人的一半！其实，有许多女人喜欢做男人的一半，有许多男人喜欢做女人的全部，这都没问题，可是也有许多女人不想做人家的一半，她只想做她自己的全部；一个公平的社会必须也给这样的女人有充分发展的机会，不是吗？

"美丽的权利"也不过就是"充分发展的权利"。我当时所希望看到的，也不过是，有一天，当你问一班外文系的应届毕业生"毕业想干什么"时，不会有三分之二的女生告诉你，她们想到贸易公司去当秘书！

我当然不是说，这些女人都该改口说"我们要去当老板"。世界上没这么多老板，不管是男人还是女人。可是这个社会架构认定了老板是男人做的，秘书是女人做的，而女人又毫不怀疑地认同、拥抱社会所派给自己的角色。这个社会未免太陈腐了吧？我以为，凭着女人的自觉，凭着人的意志力量，这个陈腐的社会是可以改变的，而且它也已经有所改变，至少，没有哪个大学校长再敢在会议场合叫我"阿花"或"小姐"，你不能不说这是进步。

可是这进步算什么？《美丽的权利》还没写完，该骂的人还没骂到，我做妈妈了，美丽的权利受到空前的考验。

生了孩子之后，你可以说是荷尔蒙在作祟，我不可自己地爱上了孩子，不只是自己的孩子，在马路上走着叫着笑着闹着的孩子我都忍不住要多看两眼。几年来还一直想着是否要收养一个不幸的孩子，让他分享我满溢的母爱；只是因为对自己的体力不够信任，所以没有付诸行动。好吧，这样喜爱孩子的人，当然不愿意将孩子交出去给别人养，我自己享受都来不及呢！

谢天谢地，让我做个全职妈妈吧！

咦！为什么你得带孩子呢？爸爸到哪里去了？你应该和他50∶50地分担呀！

一个二十二岁的绝顶聪明的新女性向我质问。她在大学里学建筑，通四种语言，将来要做世界一流的建筑师。

呃——因为我喜欢小孩，我喜欢看他们在公园里纵情奔跑，喜欢听他们牙牙学语，喜欢看他们吃得饱饱的，喜欢看他们睡着的脸庞，尤其喜欢抱着孩子的感觉……

可是爸爸的50%呢？年轻的女孩振振有词地：你的女性主义哪里去了？

我的女性主义——我有点给她惹毛了——我的女性主义所要求的，是社会给予不同需求的女性都有发挥潜能的机会。我现在想发挥的就是一个全职母亲的潜能。做爸爸的那个男人碰巧没有像我这样强烈的需求和兴趣，因此这是另一种形式的公平分配。50∶50是假平等，配合个人需求的才是真平等，你懂不懂？

未来的建筑师不置可否。

台湾来访的朋友。不熟的，进门来见到两个又蹦又跳的小孩马上就会问："孩子交给谁带？"

对不起，胡美丽自己带！家里住着的所谓"保姆"，其实只管打扫。这个世界是怎么回事？好像受过多一点教育的女人就该不屑于做母亲似的。我生的，我爱养，怎么样？

然后，渐渐的，我觉得可以出去教一两门课。偶尔出远门旅行个三四天，透透气，带孩子既是全职，那么我也得休假呀！

现在，轮到那个做爸爸的男人振振有词了：你怎么能走？孩子怎么办？

我说，保姆可以暂代呀！你可以早点下班帮忙呀！

不行，男人说，孩子需要母亲（这可是你胡美丽自己说的），保姆无可取代。而我呢，我下班回来已经累惨了，不能再带小孩。

胡美丽当场呆掉。

于是我对男人咆哮，嘿，平时我担负了教养孩子90%的责任，那是因为我喜欢，不是因为我"活该"，你懂吗？现在，我只想把我的部分改成70%，你挑上30%，你竟然抱怨？太过分了吧你！

在和男人斗争的同时，有一天带着孩子去一个澳洲朋友家的聚会。女主人安妮把我介绍给另一个客人，一个五十来岁看起来是个成功的商人的男人。（凡"成功"的人都会有一种让你知道他"成功"的眼神和姿态。）当安妮说，"美丽是个作家"时，成功的男人慈祥地答道：

"很好！那您可以赚点儿外快帮孩子付幼稚园的学费！"

我张口结舌地看着这个面带慈祥微笑、自信满满的五十岁的成功的德国男人。

如果安妮介绍的是个男人，如果安妮说："这位李大伟先生是个作家。"这个成功的男人会不会慈祥地说："很好，李大伟先生，那您可以赚点儿外快帮孩子付幼稚园的学费？"

看着这个男人的嘴脸，真可以给他一巴掌，可是，我只是由于太过惊讶而目瞪口呆地看着他。同时理解，这真的不是他一个人的问题，他的背后站着成千上万的男人——德国男人、中国男人、世界上的男人——以同样的眼光看着女人，慈祥的、友善的、绝对屈尊的眼光。在金殿酒店将女秘书灌醉尔后强暴她的男人，想必也有着类似的眼光。

回到家，想跟家里的这个男人继续抗争。晚上，男人回来了，两眼浮着过度疲劳、睡眠不足的血丝，他头痛欲裂，他心情沮丧，他的手因为工作压力而微微颤抖，他的心脏因为缺少新鲜空气和运动而开始不规则的跳动，他像一个泄了气的球，被弃置在角落里。

你说我应该去和他争回我应有的权利吧！现在，我应该对他说，我带了一天孩子，现在轮到你男人了。然后"砰"地关上门，我去看电影，或者，拎起行李上机场去了。

可是我没这么做。我给他倒了杯葡萄酒，放了热水在浴盆里，在热水中滴上一些绿油精，准备好一叠睡衣，然后呼唤他。在他入浴盆时，我说："你再这样下去。不到五十岁你就会死于心脏病。"

那么，你问我，我是不是就从此心甘情愿地让孩子锁在家里呢？没有，我出门的时候，保姆代劳。

保姆代劳，和我分担了对孩子的责任，而那精疲力竭的男人也得到一点休息；用这个方式暂时解决了我的难题，但是并没有为这个时代的新女性回答任何问题：有了孩子的男人和女人如何在养育儿女和追求事业之间寻找平衡？国家必须介入到哪一个程度？（不要告诉我像中国大陆那种"全托"制度有任何优点，我坚持我的偏见。）"男主外，女主内"，如果不是自由选择，就不公平，但是男女都主"外"的时候，"内"由谁来主？如何平等地主"内"？

谢天谢地我负担得起保姆，但不是每个人都能用我这个方法来解决问题。我喜爱孩子，所以不忍心将孩子托给他人照顾；我喜爱我的工作，所以我舍不得为了孩子完全放弃我的事业。我主张男女平等，所以不允许男人认为"男外女内"是天职；可是当我面对男人因工作压力而疲惫不堪的脸孔，我又不忍心在他肩上再堆上一份压力，即使那是本属于他的一份。

也就是说，我矛盾、我困惑，我这个所谓新女性一旦受到考验，竟然不知所措。（别告诉我西蒙·波伏娃懂什么；她根本就不知道小孩是个什么东西。给我一个更好的例子！）

一个如此矛盾、困惑、不知所措的人。她若是继续写文章告诉她的读者女人该怎么做女人——那她岂不是伪君子？

我可以不聪明，但我不可以虚伪。

所以，四十岁的我，发觉一旦加上孩子这一环，男女平等的问题就变得双倍的复杂。更何况，人走到中年，难免要问：这下一半的路是否仍旧这样走下去？现代人怀疑一切、质疑一切，婚姻这个机构更不能免。在我看来，婚姻与个人的关系就如同国家机器和公民的关系。一个人需要安全，所以要婚姻，也要国家；但是人又渴求自由，随时有想逃避婚姻、反抗国家机器膨胀的欲望。婚姻和国家机器一样，两者都是必要之恶。

我自己？我是荒野中的一头狼，喜欢单独在夜间行走，尤其在月光笼罩的晚上，有口哨声的时候。

其他你就不必问了。这个世界有太多的问题最后只有自己知道答案。或者没有。

1994 年 3 月 8 日国际妇女节

小姐什么？

　　两年前，我回台湾来参加一个"国际电脑会议"，并且宣读一篇花了整整一年工夫的研究成果——《电脑程式在李盍提夫模式上的运用》。

　　大会的场面非常壮观，各国来的学者专家济济一堂。刚演讲完，一位主持人就过来请我到会客室去——

　　"给您介绍几个此地的专家！"他说。

　　我们走进会客室，一小撮男士立刻礼貌地站起来，其中一位微笑着说："讲得很精彩！"

　　主持人清清喉咙，正式把这些男士介绍给我：这位是王博士，这位是张院长，这是李教授，这位是钱主任，那位是孙博士……

　　然后他很客气地介绍我：

　　"这位，是胡小姐，加州……"

　　我愣住了。

不错，我今年只有三十岁，年轻、貌美、甜蜜、可爱，但是，我不是你的"小姐"。

我是个大学教授，还碰巧有个博士学位，而这个博士学位——不知你信不信——不是坐到教授膝上凭美色骗来的；这个学位，是我在冰天雪地里跋涉到图书馆苦读到三更半夜，是我忍着眼泪与寂寞在电脑房里煎熬到人去楼空，是我在课堂上与多少位教授同学竞争脑力与辩才，才得来的。

而这个教授职位——不知你信不信——也不是因为我参加选美获胜而赐给我的；我必须写出严谨的学术论文，必须整理教材，很辛苦地带领学生做论文，换句话说，我必须付出很大的代价：我的智慧、能力与毅力。

主持人转身对倒茶的小妹说：

"小姐，送几杯咖啡过来！"

我的十年寒窗算什么？你没注意到我的脚虽然纤细，却并没有三寸金莲？

当我在泥泞的市场里买菜的时候，卖豆腐的小女孩叫我"阿姨"。上布摊买布的时候，光着胳膊的老板称我"太太"。冬天穿着臃肿的棉袄时，卖面的女人叫我"欧巴桑"。我扶那个穿长袍大褂的老头过街时，他摸摸我的头，说："谢谢你呀，小妹！"路过一条没有街灯的小巷，计程车司机会吹着口哨，暧昧地叫我"小姐"。我要夜市里那个卖"三卷一百元"的小伙子把音乐关小点，他骂我"恰查某"！我的父母叫我"丫头"，而我恋爱的男人，根本只唤我"喂"！

我很满足，也很快乐，因为我只是一个天地间纯粹的"人"，在不同的时候，扮演不同的角色。所谓身份、学位、职业，比起"人"来，只是扮家家酒的小玩意儿。

可是，在我学术与专业的领域里，你，凭什么叫我"小姐"？

"头衔"是最甜蜜的语言

拜读《中国时报》"人间"副刊胡美丽女士的《小姐什么？》直觉得这是一个有趣的"大"题目。或许有人觉得该文作者未免小题大做、反应过度，毕竟"小姐"仍是一般最常用的礼貌称呼，虽不若"胡教授"、"胡博士"能直截了当直指头衔，但何错之有？虽无错，但以胡女士所述当时情况，其间确有"差异性"。因胡女士不愿像一般人"和稀泥"不予计较，我们才能看到如此坦白可爱的"内心话"。

在卡内基的《人性的弱点》书中曾提到："自己的姓名是最甜蜜的语言"，"人性的另一弱点是：最喜欢听到自己的姓名。"一点不假，不过这还是要看情况的，例如不可以对不熟朋友的太太直呼其姓名，那很可能会产生很大的误会。也不可以对你们公司的董事长直呼其名，那要冒炒鱿鱼之险。因此卡内基似乎漏写了一章——"自己的头衔是最甜蜜的语言"。一般人都很在意别人对自己的称呼为何。该叫吴董的就叫吴董，该叫老吴就叫老吴，该叫吴木然就叫吴木然，因吴先生及他人皆可以此来判断你与他的关系，以及你是否尊重他，即使仅止于表面亦不妨。每一个人都如此需要"自尊"与"面子"，若不懂这些道理或应用不当，不论是疏忽或有意，终将给对方留下不良的印象。

从《小姐什么？》这篇文中，吾人看不出主持人称呼"胡小姐"时是否有不敬之意，只是那时是应称呼"胡教授"或"胡博士"比较允当，因此引来当事人自然而然的"不悦感受"，可知姓名与头衔的运用，在人类社会中在人性学的学问之大，岂能以小觑之！

"头衔"真是最甜蜜的语言吗?

拜读《中国时报》"人间"副刊胡美丽博士《小姐什么?》与"回应与挑战"《头衔是最甜蜜的语言》两文后,深觉有写这篇短文之必要,用以澄清国人对头衔的观念。我不能完全同意《头》文的说法。由《头》文中会令人产生一种错觉,以为胡博士在斤斤计较于她的头衔,因此觉得该说几句公道话。

对人的称呼,因时、地、人而不同。例如对男士称"先生",对女士称"小姐"或"女士",被认为是一般的尊称。《头》文只举了几个被不同人称呼的例子,与胡文后半所举例差不多。对男士而言,像我们大家称"国父孙中山先生",与昔年在大陆上,大学学生对教授一律称先生的"先生"二字,是一种崇敬的表示。但是在某些时、地,这称呼所代表的意义便不同了。举例说,在德国,对有头衔的男士,向称"某某博士先生",或"某某教授先生"。译成英文就是"Mr. Dr. ×××"或"Mr. Professor×××"。若经人介绍，此后都以如此称呼全衔为是。偏偏我就遇到，在德国的德国人对我们的中国博士或教授用此全衔，而在中国的某些德国商人，面对中国的博士或教授，他硬是把你的"头衔"给拿掉而直呼"某某先生"，英译即"Mr. ×××"。这就意味着一种"存心的不敬"。

我这样说，并非小题大做，或是在为中国人斤斤计较"头衔"。试问他对德国的博士或教授敢不敢这样称呼？

现在回头来分析胡文，也许就容易了解当时胡博士的感受。如果当时在她的地位，换了一位男博士或男教授，主持人在把王博士、张院长、李教授、钱主任、孙博士——介绍后，而单单介绍"胡先生"，岂不是不公平？也许当时主持人以为胡博士是女性，称"小姐"应不会错。但错就错在这疏失上，尤其是在对倒茶小妹也称"小姐"之时，以致造成了"无心的不敬"。我这样说，绝非轻视小妹，而是说"头衔"是对一位在学术界上有成就者的尊敬与认定。在我们这里，常遇见一些违反常例的事；在别的国度里，赠予的名誉博士不是经过多年寒窗苦修而得，习惯上是不作兴冠在姓名之上的。而我们这里却有人冠之而无愧。反之，没有头衔而在学术上有成就者比比皆是，尤以在欧洲为然。遇到这种情形，只好以"先生"或"女士"尊称之了。

以上的分析，未知胡博士小姐以为然否？我不知《头》文的作者有没有头衔，更无从知道他是否为男士，只好用猜，称他为"先生"，总不是不敬吧？！

美丽的权利

台北街头的标语很多，什么"要保命必须拼命"啦，"保密防谍，人人有责"啦，或是什么"在此倒垃圾者是畜生××"等等，这些我都能够理解。有一个到处可见，甚至上了电视的标语，却使我非常困惑：

穿着暴露，招蜂引蝶，自取其辱。

冬天里，我喜欢穿棉袄，里面再加件厚毛衣，走在街上就像团米包得太胀的粽子。夏天里，我偏爱穿露背又裸肩的洋装，原因很简单：第一，天气太热；第二，我自认双肩圆润丰满，是我全身最好看的部分。再说，我的背上既没痘子也没疮疤，光滑清爽，我不以它为耻。

炎炎夏日，撑着一把阳伞，披着一头乌黑的长发，露着光洁的臂膀，让绣花的裙裾在风里摇荡；在人群中姗姗走过，我很快乐，因为觉得自己很美丽。

但是你瞪着我裸露的肩膀，"呸"一声，说我"下贱"！

有人来欺负我，你说我"自取其辱"！

为什么？

我喜欢男人，也希望男人喜欢我。早晨出门前，我对着镜子描上口红，为的是使男人觉得我的嘴唇健康柔润；我梳理头发，为的是使男人觉得我秀发如云。可惜我天生一对萝卜腿，要不然我会穿开衩的窄裙，露出优美的腿部线条。所幸我有着丰润亭匀的肩膀，所以我穿露肩低背的上衣，希望男人女人都觉得我妩媚动人。

你在早晨出门前，对着镜子，即使只有三根衰毛，你还是爱怜地理上半天，或许还擦把油，使它们定位，不致被风刮乱。你把胡子剃干净，还洒上几滴香水。穿上衬衫之后，你拉长脖子，死命地把一根长长的布条缠到颈子上，打个莫名其妙的结，然后让布条很奇怪地垂在胸前。你每天下这样的苦功又是为了什么？

我不懂的是，既然我不说你有"毛病"，你为什么说我"下贱"？

且让我们解释一下这个标语："穿着暴露，招蜂引蝶，自取其辱。"意思就是说，一个女人露出肩背或腿部，使男人产生性的冲动，进而以暴力侵犯这个女人的身体；创造这个标语的人认为在这种情况之下，错的是女人——她不应该引起男人的性冲动。

这个逻辑泄露出三个心态：第一，女人的身体是肮脏的，所以创标语的人不能、不愿也不敢正视女人裸露的肌肤。第二，他认为男人有"攻击性"是天赋神权，所以侵犯女性是自然现象。第三，女人是命定的次等动物，她之受到强暴就如同一个人出门淋了雨一样——谁教你不带伞，下雨是天意！男人强暴女人天经地义，只是你要小心罢了，你不小心，是你活该，还能怪天吗？

这是什么狗屁逻辑？

我的伯父有片果园。他日日夜夜施肥加料，杀虫遮雨。到秋风吹起时，累累的苹果，每一只都以最鲜艳、最饱满的红润出现。路过果园的人没有一个不驻足观赏而垂涎三尺的。如果有人经不起诱惑，闯进园来偷这些果子，你难道还指责这果园不该把果子栽培得这么鲜艳欲滴？说他"自取其辱"？难道为了怕人偷窃，果农就该种出干瘪难看的果实来？难道为了怕男人侵犯，我就该剪个马桶头，穿上列宁装，打扮得像个女干？到底是偷果的人心地龌龊，还是种果的人活该倒霉？究竟是强暴者犯了天理，还是我"自取其辱"？

爱美，是我的事。我的腿漂亮，我愿意穿迷你裙；我的肩好看，我高兴着露背装。我把自己装扮得妩媚动人，想取悦你，是我尊重你、瞧得起你。你若觉得我美丽，你可以倾家荡产地来追求我。你若觉得我难看，你可以摇摇头，撇撇嘴，说我"丑人多作怪"、"马不知脸长"，但是，你没有资格说我"下贱"。而心地龌龊的男人若侵犯了我，那么他就是可耻可弃的罪犯、凶手，和我暴露不暴露没有丝毫的关系。你若还认为我"自取其辱"，你就该让天下所有的女人都来打你一记耳光，让你醒醒。

园里的苹果长得再甜再好，但不是你的，你就不能采撷。我是女人，我有诱惑你的权利，而你，有不受诱惑的自由，也有"自制"的义务。今年夏天，你若看见我穿着凉快的露背洋装自你面前花枝招展地走过，我希望你多看我两眼，为我觉得脸红心跳。但是你记着，我不说你有"毛病"，你就别说我"下贱"——我有美丽的权利。

也谈"招蜂引蝶"

读胡美丽先生《美丽的权利》一文不禁颇有所感，提笔简单说一说我个人的意见。

胡先生对一个出现于电视台的标语提出了相当猛烈的批判，我把其中最关键的一段抄录于后，以便讨论：

> 且让我们解释一下这个标语："穿着暴露，招蜂引蝶，自取其辱。"意思就是说，一个女人露出肩背或腿部，使男人产生性的冲动，进而以暴力侵犯这个女人的身体；创造这个标语的人认为在这种情况之下，错的是女人——她不应该引起男人的性冲动。
>
> 这个逻辑泄露出三个心态：第一，女人的身体是肮脏的，所以创标语的人不能、不愿也不敢正视女人裸露的肌肤。第

二，他认为男人有"攻击性"是天赋神权，所以侵犯女性是自然现象。第三，女人是命定的次等动物，她之受到强暴就如同一个人出门淋了雨一样——谁教你不带伞，下雨是天意！男人强暴女人天经地义，只是你要小心罢了，你不小心，是你活该，还能怪天吗？

这是什么狗屁逻辑？

制作上面那个标语的人（姑且假定是男人，也姑且假定标语中所指的"暴露"正是胡美丽先生所说的只暴露了肩背或者腿部）是不是具有上述的三个心态呢？是可能的，但也不一定有这样的心态。我们无法找原作者来对质，所以只有就标语的文字来推敲，才能断定胡先生所下的结论是否正确。

我们先来看看，这个标语是否有"女人的身体是肮脏的……不敢正视女人裸露的肌肤"这么一个命题吧。

"穿着暴露"所陈述的是一个事实，这个事实引出了"招蜂引蝶"的后果。我们都知道，绝大多数的植物都生有美丽而且暴露的生殖器官，也就是我们称之为"花"的东西。美丽之，暴露之，其目的在招蜂引蝶，以达到其受精、结实、繁衍种族的目的。见到植物性器官略微蔽而不彰的，我们便要大惊小怪，讥之为无花果了。这个标语的前两个短句，是将植物喻动物，把花比作女人，把男人比作被花吸引而来的蜜蜂和蝴蝶罢了。蝴蝶和蜜蜂所爱的是美丽而新鲜的花朵，对质量差一点的，比如说曾经风雨蹂躏的残花败絮，一般是不会去顾盼的，遑论肮脏的花呢！鲜花盛开，有蜂与蝶翩然来仪，又怎么能把这两个短句解释成"不敢正视女人裸露的肌肤"呢？

如果真要这样暗示，那么第二个短句就应该改为"腥膻四溢"、"令人掩鼻"、"难以入目"或者"招蝇引蛆"才合适（因为我们一般总是把蝇蛆和肮脏的东西联想在一起的）。

我们再看看标语的最后一个短句——自取其辱——是不是包含"男人有'攻击性'是天赋神权，所以侵犯女人是自然现象"和"女人是命定的次等动物，她之受强暴这是天意"等等意思在内。

由于胡先生所提出的这两个结论，问题比较多，所以要一个个问题来讨论。

这个短句重要的是"自取"和"辱"三个字。先看"辱"字吧。标语的制作者以"辱"字表达了他的立场。他认为女人衣着暴露，使男人产生性冲动，进而以暴力侵犯这个女人的身体时，这行为是对女人的"侮辱"。换一句话说，他直接地表示了对妇女的尊重，间接地表示了对施暴者的谴责。试想，有人忽然被雨淋湿了，会说出"今日为天公所辱"的话来吗？当然不会。

再说，如果那位标语制作者对施暴与被强暴完全无动于衷，抱着午睡醒来观庭中公鸡踩母鸡的那种态度，这句短句就应该改为"得其所哉"之类的话。至于他要是认为女人是次等动物，活该受强暴，那么短句就应该改为"自作自受"。标语却并非如此。相反的，从这个"辱"字引申开来，我们可以说标语作者为被强暴的妇女不明文地保留了控诉权。因为受辱之后，自然有权利对那只过度乐观地估计了招引者心意的蝴蝶提出控诉，以便把他关起来。"刑法"第二二一条规定：强奸妇女者处五年以上有期徒刑。（作为男女平等论的理智拥护者，我建议把该条款中的"妇女"两字删去。）

那么短句中"自取"两个字又表达了什么意思呢？我个人觉

得，从字面看来，并不费解，只说明这"辱"是自己招引来的，以与"衣着含蓄"而受辱的情况有所区别。胡美丽先生的大文中也说得很明白，她露出肩和白皙无瑕的背，是为了"取悦"男人，无疑是一种招引。这辱，便是这种招引可能导致的后果之一。

行文至此，对这个标语的文字已作了一字不漏的检查。结论是：看不出它具有胡美丽先生所批判的心态。讨论至此，本可结束了。然而，胡美丽先生大文中还提到"天赋神权"的问题。这个问题虽不包含在标语之中，由于胡先生对此甚是着重，不妨在结束本文之前，略加讨论。

男人对女人的"攻击性"是不是天赋的呢？恐怕是的。男人和其他雄性动物一样，在这上头的确有点攻击性，而且也非得有那么一点不可，正如女人喜欢招引男人：事关种族的绵延与改善。这攻击性是自然律。却因为受到人为法律的限制和疏导，常以不同的形式出现。在金钱为万物标准的世界上，也许倾家荡产来追求是最高形式，但其最原始的形式并不因为人为法律的限制而完全泯灭。这就说明了为什么总有人甘冒重典的危险，还是忍不住"攻击"异性了。（攻击者既要受罚，当然也就谈不上"神权"问题了。）我们这样说，自然把心身不健全的人排除在外。

人为律和自然律之间的关系是很微妙的。总的说来，人为律是以自然律为基础，且为自然律服务的：乱伦不合优生原则，所以为绝大多数人类集体所严禁。但人为律只在特定的时空条件下为自然律服务，时空条件一旦消失，相关的人为律就慢慢被取消或者被取代。而时空条件演变到一定的情况，自然律就要冲破人为律汹涌而至。所以只准我招引，不准你越雷池一步，只能是某一些人的理想。

花冢

胡美丽说台湾的电视标语："穿着暴露，招蜂引蝶，自取其辱"，是狗屁逻辑，那些不懂女性有"美丽权利"的人，才应是自取其辱。《也谈招蜂引蝶》一文的作者却认为：女性穿着暴露，"自取其辱"是可能的结果之一，而且标语中使用了"辱"字，保留了女性控诉的权利。

对于《也》文作者的看法，我访问了几个女性，包括自由派的和保守派的，我所得到的答案是清一色的反对，她们认为该作者是大男人主义。我只好大笑。

在这里，我不想为胡美丽助阵，也不打算向《也》文作者叫阵，我只想用"不关心的智慧"出来搅和一下，以便提高我的知名度。

《也》文说："绝大多数的植物都生有美丽而且暴露的生殖器官，也就是我们称之为'花'的东西。美丽之，暴露之，其目的在招蜂引蝶，以达到其受精、结实、繁衍种族的目的。"这段话，从自然现象来说，是合乎植物学家的观察的。

从这样的自然现象出发，我进一步再举稍微复杂的一种情况。我家的大院子开了几株栀子花，花美而香气烈，于是把蝴蝶和虎头蜂都招来了。在几次混战的追逐中，虎头蜂把花瓣冲得稀烂，把蝴蝶刺死的刺死，刺伤的刺伤，地下狼藉一片，虎头蜂则呼啸而去。这件事在自然界只是生存竞争的现象，谈不上什么价值不价值的问题。因为，这件事在自然界本身，并没有什么可以叫做"上帝的意志"的东西去命令虎头蜂刺杀蝴蝶、侮辱栀子花。这一切只是自然变化而已。

但是，我现在把院子里发生的事，放在人文学的领域来看，自然现象就会引出人类的"价值"问题了。有人开始同情蝴蝶，认为虎头蜂太残忍霸道；有人开始同情栀子花，认为美丽善良而受到侵犯，太不公平；有人开始大骂虎头蜂，说他是流氓，准备要请消防队员来围剿教训他，以表示人间有"正义"存在。另外，还有些人会开始反省，"美丽"到底是应不应该呢？"美丽"害了自己，又害了蝴蝶，她是不是有罪？还有些人会倒过来想，这世上如果没有花的美丽，这世界有什么好留恋的呢？

人们这样子想来想去，终于肯定：我们要抱住"美丽"，我们要伸张"正义"，我们要"用正义保护美丽"……就这样，人间的价值被创造出来了。人类所肯定的"美丽"、"正义"、"用正义保护美丽"就是人文价值，这些价值在自然现象是不存在的。

我们把"自然现象"和"人文价值"分开以后，台湾的标语把花和暴露女性的"招蜂引蝶"做一类比，这类比是否合适，就可以进一步处理了。

让我们抛开禁忌和神话，用知识论的客观立场来分析。把"花"和"暴露女性"放在自然现象来处理，可以得出一组结论，放在人文事物来处理，又会得出另一组不相同的结论。比如说，人文中的"花"，就不会是纯粹的"植物美丽的性器官"。"释迦拈花微笑"，我们不能说是"释迦拈着植物美丽的性器官微笑"。罗密欧送玫瑰花给朱丽叶，我们也不能说是"罗密欧送玫瑰美丽的性器官给朱丽叶"。这点我看弗洛伊德也不会有什么异议。

　　现在台湾的标语既然把"花"和"暴露女性"类比，认为"招蜂引蝶"是"自取其辱"，那么这"花"就是人文中的花了。自然现象的花，无所谓辱不辱的问题，荣辱是人文现象，不是自然现象。

　　至此，我们追到问题的核心是："穿着暴露"是美丽还是色情？暴露到什么程度是美丽？到什么程度是色情？美丽是权利，法律要保护，不可说是"自取其辱"。色情要取缔，不可说是"招蜂引蝶"便任其招引。

　　最后，我们必须认清：这里的"美丽"还是"色情"是一法律问题，不是艺术标准问题。"上空装"是美丽还是色情，请明白规定。色狼是不会去分别美丽和色情的。芭蕾舞装下了舞台，没有法律的保护，美丽立刻就变成色情了。

　　我们不要黛玉的"花冢"。

　　我们要的是法律保护"美丽的权利"。

动心的自由

敬胡美丽：

拜读关于胡美丽说：台湾的电视标语："穿着暴露，招蜂引蝶，自取其辱"，是狗屁逻辑，那些不懂女性有"美丽权利"的人，才应是自取其辱。此文后来引出了许多人不同的看法。

本人也想提出一点看法和各位谈谈：花草和动物的两性问题，比起人类要单纯多了。举例如下："花"它尽可美丽之、展露之，但它们却也不会拒绝任何美的蜂或丑的蝶，请问美丽的女士，你们也能如此吗？至于飞禽走兽，它们的问题也很单纯，它们两性之间若非心甘情愿，任何一方要使强用暴，大概都很难得逞，顶多也只是被"戏弄"一番，但事后也绝无"面子问题"或"官司问题"。

但人类的两性问题，实际上，真是复杂多了。用刀、用枪、用药物，甚至一个人力量不足，还会招兵买马，结伙使强用诈（动物世界可没这些不幸吧！）事后执法机关即使将歹徒枪毙了事，但这对受害者能弥补任何什么吗？这是实际问题。（况且现今世界上大概只有阿拉伯等回教国家，有如此严的律法，但你可知他们的妇女外出是如何装扮的？）再说，就算女人有美丽之、展露之的权利吧！但你别忘了！你无法禁止歹徒、亡命之徒有"动心"的自由啊！这也是实际问题（识时务者为俊杰）。

最后本人认为，既然人类问题"实际上"异于禽兽、花草，那这"美丽"的处理方式也当异于禽兽、花草！甚且愚以为聪明的女子，你是否认为应以平凡或隐藏式的装扮，来让那些真正具有慧眼的男子找出你、追求你。不要连"意外人"都招惹了，你也不愿如此吧！

美丽的偏见

拜读胡美丽女士《美丽的权利》一文,胸口翻腾愤愤不平之气,初时勉强不以为意,哪知终日挥之不去,且在无法释怀之下竟还凝聚成怏怏不悦的情绪。原本尚期待某位男士能挺身仗义直斥,为天下男人洗雪胡女士莫名其妙赏给我们的奇耻大辱,数日沉寂却毫无回响,令我益发愤慨,蒙此奇冤实已至孰不可忍、不吐便憋死的地步。

试问:胡女士喜欢在炎炎夏日,撑把阳伞,披着一头乌黑秀发,露着光洁的臂膀,让绣花的裙裾在风中摇荡;在人群里姗姗走过,洋溢着快乐;在法治社会"惬意"地享受人生,并且觉得自己很美丽。那么,在怎样的情况下有人会瞪着她裸露的肩膀,"呸"一声,说她"下贱"?逼得妩媚动人的胡女士疾言厉色去声明——我有美丽的权利,若认为我"自取其辱",就该让所有女人都来打你一记耳光。或许游荡街头的太妹有可能会从嘴里迸出这么一句没气质的口头禅，但毕竟她们还处于好斗的年龄，讲究"看人不顺眼"，而送您这么一句。

当然，也或许一些姿色不如胡女士、加上心理不平衡的女性，刚好撞上您落落大方、摇曳生姿地从她们眼前走过，会这么发泄一声。不过，这多半都是女人善妒的天性使然，倒也无可厚非。

那么……除了以上两种人会略倾无礼攻击性地暗咒一声"下贱"外，我想，胡女士假使在早晨出门前，真会为了让男人喜欢她，特别对着镜子描上口红、梳理长发，要男人觉得她嘴唇丰满柔润、秀发光亮如云，刻意地遮掩萝卜似的双腿，只强调全身最美丽亭匀的肩膀，才步出家门，我——相——信，街头出现如此一位温柔娇美的可人儿，在人群堆里"端庄正色"地漫步，纵使无聊男子"怦然心动"，也该知道自惭形秽，退避三舍吧！就算少数男士忍不住多瞧一眼，绝对纯属远观而非近亵，毕竟窈窕淑女，君子好逑，此乃人之常情。况且某些男士可能正因为多欣赏您一眼，倒霉的话，身边女友还因此嘟起小嘴吃醋、跺脚生起气来，一笔账以后终究算在我们男人身上，丝毫便宜不了，但当场千万个不可能马上有人就粗俗、冲动地"呸"一声，将"下贱"吐了出来，否则一年三百六十五天，台北街头岂不人人大打群架？

爱美，是天经地义的好事。

胡小姐只要腿漂亮、肩美丽，尽管每天去穿迷你裙、露背装，但是乍见"穿着暴露，招蜂引蝶，自取其辱"的标语，伸张"美丽的权利"的您，不需困惑，更拜托不要蓄意扭曲它，也听听我们对这个标语的解释：

"穿着暴露"指男女装扮夸张，强调突出身体某一部分，逾越社会规范，使他人产生恶心或性冲动。

"招蜂引蝶"指为某种目的，恣意搔首弄姿大作撩人状，有败坏良风善俗之虞者。

"自取其辱"是警惕穿着暴露、招蜂引蝶而惹祸上身的男女将由舆论公权来制裁，不必奢想社会同情的救济。

我不懂的是，为什么胡女士要偏颇地硬把标语导入一个狭义象限——大男人主义的产物——来大肆攻击，完全沉溺于个人一厢情愿归纳出的那套逻辑：第一，女人的身体是肮脏的，所以创标语的人不能、不愿也不敢正视女人裸露的肌肤。第二，他认为男人有"攻击性"是天赋神权，所以侵犯女性是自然现象。第三，女人是命定的次等动物，她之受到强暴就如同一个人出门淋了雨一样——谁教你不带伞，下雨是天意！男人强暴女人天经地义，只是你要小心罢了，你不小心，是你活该，还能怪天吗？

这是什么狗屁逻辑？

今年夏天，你尽管大穿凉快露背洋装，希望您有本事让我多瞧您两眼，最好教我心儿跳脸儿红，这样或许我会倾家荡产地来追求您；若我觉得难看，顶多不过摇摇头、撇撇嘴，心里头说"丑人多作怪"、"马不知脸长"。所以，您可以放一百万、一千万个心，只要您真懂得遵守"自制"的义务，请尽情发挥您诱人的权利，没有人敢欺负您，或"呸"一声说您"下贱"，终究这是一个民主的社会。

假使您仍日日夜夜提心吊胆龌龊的男人侵犯您，心理医生或许可以给您些许的帮助。

果真有不幸发生，法律自然会伸张正义，将这可耻可弃的罪犯绳之以法,这与您暴不暴露没有任何直接关系——是强暴者犯了法,绝非您"自取其辱"。

美丽更要安全

女人天生爱美，而且一辈子都在追求美，应是普遍的事实。现代的女人的确也愈来愈美，这其中原因除了服饰、发型、化妆品的日新月异、求精求美外，同时也是因为现代的女人能走入社会赚取自己可支配的财富，能把自己打扮得更美更俏。

然而，另一方面，女人们的"阴影"——最具破坏力的"性骚扰"——强暴案件却也在与日俱增之中。而强暴犯最爱攻击的对象就是——美丽的女人，愈漂亮受到攻击的机会则愈大。因此，现代的女人在追求漂亮、展示美丽时，更迫切需要追求安全！百货店的服饰、博物馆的古董尚且需要有人看护它们的"安全"，何况是青春漂亮的美丽小姐呢？

以此而观，胡美丽女士在"人间"副刊所刊登的《美丽的权利》就非常值得商榷了，特不避浅陋"交换意见"如下：

一、裸露（如胡文中的"露背又裸肩"）对于身材不错的女人当然是美，但却非美的唯一标准。或许有人更欣赏胡女士在冬天"穿棉袄"的样子也说不定。（如许多人即认为神秘之美乃更是无穷无尽的。）

但若从"安全"的观点来看，裸露愈多则愈易成为"性骚扰"的目标。最严重的正如同胡女士所"推敲"的："一个女人露出肩背或腿部，使男人产生性的冲动，进而以暴力侵犯这个女人的身体。"

侵犯者当然没有这种权利，但可悲的是，这却也是因果关系的一种，故如此裸露诚不值得"鼓励"，而须适时适地加以抑制。正如同钱财最好不要露白，免得招来无妄之灾。抢钱者当然没有这种权利，但不幸地，这亦是一种因果。又如同"裸奔者"或许认为这也是美，是他"美丽的权利"，但他就可恣意地在大庭广众中裸奔吗？

虽然愈成熟、愈有社会经验的女人纵使裸露亦较能保护自己，但年轻无知的少女、女学生等则最不会保护自己，最易受"色狼"的侵犯。则裸露之为"美丽的权利"诚最不值得"发挥"。

二、胡女士在该文中提到："园里的苹果长得再甜再好，但不是你的，你就不能采撷。我是女人，我有诱惑你的权利，而你，有不受诱惑的自由，也有'自制'的义务。"果园若无人看护，恐怕偷的人不少，这不是能不能的问题，而是人性的问题。至于偷窃者应犯何罪自有法律裁判，但美丽的少女最好不要以苹果自喻，女人被强暴后在生理与心理所遭受的漫长巨创真是无以言喻的。既然要强调"有诱惑你的权利"，就不能免于承担诱惑人的一些"后果"，这其间怎会没有丝毫关系？何必玩这样的"火"？

三、胡文的结语为"你若不懂，你会自取其辱。"胡女士这篇"美丽的意见"，笔者相信一般有理性的男士都会听懂的。但可恨的是强暴犯者（特别是一而再、再而三的色狼）绝不会懂，他们的共同特征是轻视女人、痛恨女人、不尊敬女人，甚而摧残女人！你要他们在被诱惑后有"自制的义务"，那必定是"对牛弹琴"、"缘木求鱼"了；明知山有虎、偏向虎山行，却说我有爱入虎山的权利，而老虎有自制的义务，宁有是理？

四、权利都是有限度的，如同自由也是有限度的。爱美是女人的天性，但绝非天性孰可随意展示自己爱美的方式。

无限则是任性，任性绝非美丽。

强暴案件的逐年增加可说是社会风气愈来愈坏的指标之一，它几乎使每一个女人（特别是美丽的女人或年少的女孩）皆活在此"阴影"之中，据统计，"害怕被强暴"成了女人最担忧的事情之一。

可怕的色狼甚至把魔掌伸向了无知的女童，因她们天真无邪，不识人心险恶，在毫无戒心的情况下，作案歹徒只要稍加威迫利诱，就很容易得逞。笔者的朋友曾摇头叹息说道："不敢生女孩。"真是其言可悲。

色狼的出现乃是少部分人的"品质"问题（恐无能绝灭），无关乎"自取其辱"，无关乎"美丽的权利"。

美丽的女人，人人喜欢。但笔者愿在此诚挚地呼吁，现代的女人在追求美丽的同时，绝对不要忘了更要保护自己的"美丽"，保护自己的"安全"！

管他什么仁义道德

亲爱的胡女士：

胡女士（因你不喜他人称你"小姐"，而经几十年苦读，必也徐娘半老矣），我要致上最真诚的感谢，由于你连续发表之高论，使在下茅塞顿开，可由数点而言：

一，胡女士认为女士身着少衣为美，而男人心生喜好心为下贱。令在下想到男士似乎穿得也太多了，日后当力求简俭衣物，方得表现男士之美，当然女士必不会因此而生下贱心的（这点我可以肯定吧？）难怪亚当、夏娃会被逐出伊甸园，他们太不上道了，不知裸裎相见之最高境界，宜乎下凡受苦，此一悟也。

二，又胡女士口口声声认为女性付出太多，但是男士似乎都不关痛痒。这点令我想起我每日清早出门晚上回家，劳碌赚钱给家中用，所为何来？我太太是否与胡女士一样，或是和我一样看着我们小孩成长而感到安慰呢？以后我要考虑一下所做，是否该喘口气，免得累坏自己身体，多划不来。二悟也。

三，胡女士认为，中国乃至世界之女性皆受大男人主义之熏陶而失其自立之能力，故乔破手还会哭。胡女士之高见真不同凡响，以后我教导吾女凡事必不可流泪，且最好具备会煮饭、上班做事之各种能力，且最好不要结婚，以免受罪。且日后之社会讲求"人""人"平等，男女皆然。女人不喜欢做，男人又何必做，男人不喜做，女人也不必做，到时凡事皆不相互帮助，此时年少不学些才艺，日后怎能活下去？所幸我不必见到这种日子来临，否则一把老骨头，怎耐几番折磨？三悟也。

四，胡女士又令我想到社会道德规范之无聊，人家喜欢干什么就干什么，他人管得着吗？老子喜欢与十岁之小女孩结婚，老娘喜欢与十岁小子结合，关他人什么事。早知如此我就不那么早结婚，该速找个富婆才对，不过现在还不晚，毕竟高兴离婚就离，关他人何事？四悟也。

拜读胡女士之文得四大悟，又可了却人生两大负担（家庭与事业），以后无事一身轻，自己赚钱自己花。管他仁义道德，管他人生目标，兴之所至，随意而为，不亦快哉，不亦快哉。

十九岁的迷惑

"亲爱"的美丽博士：

之所以用这个称谓，主要是先表明自己的态度：我勇于承认我对异性的爱慕。我将会喜欢在夏天艳阳下、小花阳伞下顶着一头秀逸的发、穿着露背露肩装的漂亮小姐，我会用我最可爱的笑容来传达我的欣赏，虽然我只是十九岁的高三生，虽然我没有家产可以倾荡。

如果有一天，我的资格足以劝使别人信服我的观点，我的写作得到必需的尊重时，我会以"人"的立场为"女同胞"们发言：结婚绝对不能作为辞退职员、助教的借口！或许我还会把幕后那位把人当茅厕纸的主管揪出来，用我的笔权充手术刀，矫正他邪恶的"潜意识"，让他终于敢面对自己。

这样，你该知道我尚是个可以教导的孩子了吧？

但是，有些事却依然令"后望无穷"的我感到难以言喻的困惑，我希望你能告诉我！

打从七岁带着棒棒糖上小学一年级，任老师摆布去唱游、学 b p m f 开始，到今日能共鸣你的作品，愿意天真地对迷惑的环境伸出稚嫩的触角，这期间，我始终尊敬我的师长，始终扮演着"好学生"的角色：留着难看的小平头，穿着军阀似的卡其制服、黑皮鞋、黑袜子，即使情绪坏透也不愿破坏全勤的纪录。（这种学生的"乖巧"值不值得你为他鼓掌？谢谢！）

但是，你可知我是多么虚伪？

当我不巧没躲过一些所谓大牌老师（也就是在外开补习班的老师，又称"留一手"），尽管我心中早已千遍万遍骂他"误人子弟"，还是得举手敬个礼，看着他那被名利财富泡僵了的笑脸。遇上生性冷漠的先生，眼睛永远不向我看来，于是我得在对空敬礼的困窘或是不尊师重道的帽子之间，选择前者，再花上半个钟头去平衡我受伤的情绪。否则，就得汗湿地在操场上，忍受"少数同学很没有礼貌……"以及许许多多令人昏厥的台词，和在 7 月酷热下的焦烤。

请问，到底是谁没教养？虚伪的我还是令人难堪的老师？

寒假里，我恣意培养我头上的茂草，每天抓着镜子瞧着瞧着好不容易有了那么一点长度，花二百多元买了一瓶"美吾发"，天天供给它养分，给它沐浴。配上一条飘逸的白围巾，我觉得自己潇洒极了，头发健康、清洁、野性且兼具保暖作用。不幸，我的潇洒硬被规定要随着寒假断送。

"注册时要彻底检查，严格要求服装仪容！"教官一点也不吝惜地在升旗台上宣布。什么理由他们有权要我放弃美丽？要我穿着难看的黑袜子，像呆鸟一样跟在人家后面走？

老实说，我是下过一番功夫的，所以走起路来脚尖正向，脚掌内缘也成一直线，再加上我均匀相称的肌肉，足够我自我陶醉的了。只是限于姿势的讲求及偶尔特别强烈的落寞，我喜欢"掉队"，远远地离开队伍，找一个陌生的小径，悠闲地吹着口哨，或者和瞪着大眼睛的"未来主人翁"们扮鬼脸，不管他们是搔着脑袋瓜子或是露出亲和的微笑，我觉得快乐、逍遥。

风轻吻脸庞的日子，我喜欢约个知心好友，翘个课，带点"乖乖"、饮料，上山去赏花，可以尽情地唱："莫负大好春光。"我觉得我更年轻、更飞扬跋扈、更不枉少年。

可是，训导主任板起脸来："正路不走，专捡旁门左道，小过二个；旷课七节，操行扣七分……"

天啊！德育是什么？操行是什么？

在公车上我会主动让座给比我更需要座位的人；只因呛人的烟气会引起肺病，我拼命挣扎着打开窗户，让全车敢怒不敢言的旅客得到车外清新的空气；我尽一己之所能，喋喋不休地告诉朋友："要爱人呀！""要珍视爱呀！"只为了给社会保留一块温暖的角落，将来或许有一天那块角落会受到妥善的开发照顾。然而为了不听教官的话，为了想活得更精彩，我德育要不及格了，我要被退学了，被烙下"品性恶劣"丑恶的印记。更恐怖的，这枚印记永不褪色，也没得上诉，我要背着它去求职、求生存、活一辈子！

这叫没有靠山的我，怎能不战战兢兢去扮演个听话的乖孩子？

我不是为了博得你的同情。今年7月我就要考大学去了，奔向另一个更自由的天空，这一切的矛盾和苦难都会远远地抛开，只要5月间，课一停……

我只是不明白，我除了"学生"之外还算不算个"人"？

如果你不反对我也是个有血有肉有思想有情操有个性的人，那么你也应该承认我拥有"美丽的权利"，可以要求"被当个'人'来看待"，可是，渺小的我们拿什么去要求？我们没有锋利的笔，没有周密的逻辑，我们有苦水满袋，可是我们没地方吐！

如果我花了三个多小时写成的这封信，多少让你感受到教育的偏差、不健全的人格教育，希望你看在我们如此支持你的论点的份上，执起你那支更有力，更有分析、见地的笔，给我们一点精神支援吧！感激不尽！祝

健康快乐

我不是卫生纸

你要我辞职！因为我跟曾英俊下个月要结婚。

你很体贴地说。胡美丽做了曾英俊的太太之后，她要为英俊煮饭、洗衣、补内裤——啊，还有，要陪英俊上床；所以从今以后，美丽会上班迟到，该办公的时间会打毛线，该照顾客人的时候会和李秀秀叽叽咕咕说厨房与卧室里的琐事。她非走路不可，因为家庭与事业不可能兼顾。

我不懂！曾英俊的老板可没叫他辞职呀！我又不是跟我自己结婚。你可知道，咱们结婚之后，英俊达令要做的事可多着呢！马桶破了，他得补起来；椅子断了腿，他得修理；汽车抛锚了，他得爬到车盘底搞个半天。还有，你别忘了，英俊还得陪"我"上床呢！

所以他上班也可能迟到（你相信吧？！），该办公的时间他会和隔座的贾湖图叽叽咕咕谈厕所里那个马桶，更会搁起腿来看《时报》副刊、喝老人茶。

你为什么不对曾英俊说：家庭与事业不可得兼，娶了胡美丽，你"挥手自兹去"吧？

我结婚跟做事是两码子事，你把它扯在一起，是什么居心？

你理直气壮地说，就多年经验而知，结了婚的妇女不能专心上班，你求好心切，不愿容许这样的职员或助教。你省省吧！让我告诉你，你不敢面对的、潜意识中的念头！"结了婚就得辞职"的真正涵义是说，对你而言，我是一张茅厕纸、一朵花、一个可以性交的肉体。所以在婚前，我是一张洁白干净的纸、一朵鲜艳欲滴的花、一个有可能征服的身体——你雇用我。一旦结了婚，在你眼中，我就成为一张擦脏了的茅厕纸、一朵残败的花、一个已经被人家"用"过的肉体——所以你要我离开。

简单地说，潜意识中，你并没有把我当"人"看。

另外一个"居心"，就更有意思了。你让曾英俊和贾湖图和李可务都继续工作，却强迫胡美丽和李秀秀和王甜甜辞职去做"家庭主妇"；将来曾英俊做了老板，他也会强迫张可爱和赵怜怜辞职去做"贤妻良母"。你的用意，就是希望在你们的联合阵线、共同努力之下，美丽及秀秀这类女流之辈可以快快乐乐在厨房及卧室之间过一辈子。

这样，你觉得安全——这个世界，毕竟还是你和英俊及可务的世界。

你不觉得自己可耻吗？

在非洲，仍旧有某些部落，在女婴出生之后，立即动一个手术——把女性最能享受感性的那一个小小的部分割除。人类与心理学家解释，这个仪式所泄露出来的潜意识（又是"潜意识"！亲爱的男人，你什么时候才能正视自己？），是男性对女性的恐惧，他不希望女性跟他一样，有强烈的感官能力而破坏了男性是征服者的形象。

那么你在害怕什么？

我如果在上班时间打毛线、嚼舌根、作小儿女态，不管是婚前婚后，你就应该沉下脸来要我滚蛋。我如果在上班时间兢兢业业，认真负责，不管是婚前婚后，你就没有权利剥夺我的工作。你留我或辞我，要看我工作是否卖力，不能看我是否处女。我是不是处女，结不结婚，与你这办公室里的上司无关。

我不是一张卫生纸。什么时候，你才能学会把我当"人"看？

——闻某专科学校强迫已婚女助教及职员辞职而作

校园中的歧视

胡美丽小姐您好：

连日来在《中国时报》上拜读您的数篇强调女权的文章，不禁感到心有戚戚焉！

我很赞同您的说法，也确实体验过许多令人难堪的场面。目前我就读于大学，法律系三年级，女生在此是少数民族，也受到料想中的歧视与意见不得上达的痛苦。譬如：学校法学院大楼是全栋空调，可是偏有泰半以上的学生嗜烟如命，令我等不吸烟者被强迫沾了满身的烟味回家，更遑论吸进肺里的废气有多少了。

再就教授普遍的重男轻女而言，由于老师们大多是古代教育培育出的，难免思想保守老旧，故也无可厚非。而上课对有关性方面的笑话或讨论这方面的罪行，由于时常发生，故也早已处之泰然。怕只怕由于这些歧视，而造成将来继续就学就业的困扰……不过既然要做现代女性，就该勇敢面对这些，真正有实力的人，总有出头的机会，不是吗？

此外，我对您的文章有些小小的建议，不知道说得对不对，还盼您海涵。就是您的《我不是卫生纸》，的确道出"劳动基准法"的后遗症——已婚妇女被迫离职。但文章中措辞似乎有过于激动、不够理智之嫌。我们都知道这种老板的行为是错的，想必其心理也很心虚，若您的文章能用委婉的语句表达，则全篇将不至于太刺眼，而可读性与被接受性将能提高。不知您赞成否？

此外您提到"某专科"，我觉得您不妨将其名称道出，由于它是事实，所以您的行为将是"揭发"、"检举"，而不会涉嫌"诽谤"，这点您大可放心。（请参阅"刑法"三百一十条第三项与三百一十一条第三点）

很抱歉耽误您许多时间读这封信，希望这些时间不会白费，祝您事业腾达！

悲怜我的女儿

龙应台教授安好：

常拜读大作，对你大爱的胸怀、明察秋毫、敢说敢骂的作风，令我十二万分的敬佩。

本想将吾女不幸的遭遇诉之于社会，盼能引起爱心人士的回响，但因才疏学浅，不能深切地表达内心的感受，正在苦恼之际，第一个想到的就是"龙教授"。在此诚心地请你帮忙，将家女这个真实的故事，经你的文学涵养诉诸世，以慰吾女在天之灵，更盼能因而引起社会人士对我们妇女同胞的保护，使之不再受歹徒、色狼的迫害，不要再让天下的父母痛苦啊！

事情是这样的，有一天晚上我那读夜校的女儿，散发泪眼、满身伤痕地跑回家，看见我就抱头大哭，哭声是那么的哀痛，我的心简直就快被她哭碎了。她带哭地向我诉说经过，但报警为时已晚，那色狼早就逃之夭夭了，做母亲的我只能尽量安慰她，让她宽心不再伤心。

但从此女儿不再快乐，常自己反锁屋内，低声哭泣，看在家人的眼里，疼惜得不知如何是好，内心更是焦虑。女儿原本就内向、文静，又乖，又孝顺，家人用尽办法让她对这事淡忘，但这伤痕，对她是那么深，那么怨啊！她还是不能淡忘，更不甘心。

在去的前一天，她对家人特别的关切，把我抱得很紧，脸上带着苦笑与委屈。没想到，隔日她就悄悄地离开我们，离开这个令她又爱、又恨的人间，我们也痛失爱女，幸福的家也笼罩着阴影。

龙教授，你知道吗？我女儿才十八岁啊，现在已经十九岁，离开我已整整一年了，但那歹徒却是逍遥法外，不知有多少女人还要受害啊！悲剧还是不断重演着，每日报纸都刊着无辜少女又被强奸轮暴的消息，有的年纪是那么的小，十二三岁，看了我心里沉痛，悲那少女，悲她的母亲、疼爱她的家人们，不知他们将如何伤心。

我们是个法治的社会，为什么没有办法彻底消灭这种事，试问：谁无母亲、妻子、女儿、朋友、亲友？我常想，办法是人想出来的，就连太空梭等高科技也是人想出来的，难道我们不能想出解决这个社会大问题的办法吗？

我已是不久人世的老人了，但在生命的尽头，还是要尽一份人的热血与同情，为我们妇女同胞倾吐一片心声，也为我女儿的死讨回公道。我知道滴水成河的道理，更相信团结的力量。全体同胞们，请为我们切身的问题献上一份力量，共同来阻止不幸再度发生。

为了不让家人再忆起这悲伤往事，请原谅没报上姓名与住址，龙教授，实在很冒昧，我知道你热血奔腾，爱心洋溢，但是如果你很忙，请不要为难。无论如何，请容我诚心的感谢。

祝平安快乐

一位伤心的母亲上

啊，女儿！

李女士，你的信使我流泪。

不，我并没有一个"十八岁的女儿，喜欢在洗碗时放声唱歌，喜欢在星期天陪妈妈上菜市场挑东拣西，讲话的时候眼睛都在笑"。但是我有一个两个月大的婴儿，她也有一对爱笑的眼睛。充满好奇地看这个世界。我爱她每一寸粉嫩的肌肤，迷恋她每一个不经心的动作。所以我能够体会，当这样一团粉嫩爱抚了十八年突然失去的时候，那份如刀割的伤痛。

更何况你的婉如受到那样深的残害，只是帮妈妈去买瓶酱油，只是抄条小路，免得赶不上晚餐。回家的时候，却一身都是青肿。带到医院去，护士当着其他病人的面说："怎么这么不小心，进去把裤子脱掉！"

到警察局去报案，写笔录的警察问："你认不认识他？有没有跟他搭讪？有没有跟他笑？你为什么穿短裤出去呢？"

我也读了婉如留给你的信，其中没有一个字指责污辱她的暴徒，却充满了自责：

　　"妈妈，我觉得很脏，很羞耻。警察说得对，我不该穿短裤出去。即使是夏天也不应该，我自找的。可是妈妈，我只是出去买瓶酱油，去去就回来……

　　"同学都不敢跟我说话，不敢正眼看我。每堂课我都是一个人坐在教室的最后面。文雄也不来找我了，现在的我也配不上他……我听见班上的凤英小声说：要是我，我就去死……

　　"妈妈，没有用了。我只觉得自己很肮脏、下贱、耻辱，不能面对这个世界。女孩子失去了最宝贵的贞操，也没有什么幸福可言了。我的身体脏，我的灵魂也脏。啊，妈妈，我曾经做梦……"

　　李女士，你说你痛恨那个暴徒，也痛恨警察找不到暴徒，他很可能正在摧毁另一个娇嫩可爱的女儿，使另一个母亲伤心痛苦。你说你沸腾的心想控诉，可是不知道控诉谁：谁杀了我的女儿？

　　杀了你女儿的，并不是那个丑恶的暴徒，虽然他污辱了婉如。是婉如用自己的手，拿起刀片结束了自己的生命；促使她做这个决定的，是她的观念，而她的观念来自这个社会；杀了你女儿的，是我们这个社会。

　　婉如为什么觉得羞耻？如果有不良少年无缘无故刺了她一刀，她会不会责备自己"下贱"？当然不会，那个不良少年才是可耻的人。可是，强暴也是罪行，为什么婉如这个受害人反而倒过来指责自己？为什么护士骂"不小心"，为什么警察说她不该穿短裤，为什么同学不敢正眼看她？

　　这个社会喜欢用"纯洁"来形容女孩子，失去贞操的女孩当然就不"纯洁"了。不纯洁，就是肮脏。

女性的品德以贞操作为衡量标准，贞操，就是一个女人的价值，所以我们有"遮羞费"；当一个女人和一个男人发生了性关系，失去贞操，这就是她的"羞耻"；男人给她一笔钱，就可以把她的"羞耻"遮掉。从前的社会为寡妇立贞节牌坊，就在赞扬一个女子在丈夫死后不再有性的行为。现在的社会强调女孩子"纯洁"的重要，强调贞操的圣洁——婉如，当然觉得自己可耻。

这个社会对男性的纵容、对女性的轻视也逼使婉如走上绝路。暴徒拖着婉如的头发，殴打她、凌辱她、伤害她，这个社会却对她说：男人具有性的攻击欲望是天意，本来就有的；你作为女人只能小心躲避，若不小心，活该！说不定，还是你穿了短裤去引诱他呢！

婉如怎么能不自责？

贞操，也是个"货品"，是嫁妆的一部分。结婚的时候，男人要点算女方送来了几床被子、几个冰箱电视机，还要确定女方没有遗漏贞操那一项。婉如失去了那一项，文雄不再来找她，理所当然。一个女人的才智、能力，都没有贞操来得重要。婉如再善良、再甜美可爱，知道她被"用"过了的男人，大概就不会亲近她。所以婉如觉得——还有什么人生幸福的可能？

李女士，就你的悲痛而言，我的分析的语调显得实在冷酷。但是你的信中流露出你较广大的关怀；你说：我要怎么样才能使别的母亲不失去她们十八岁的女儿？要保住其他的女儿，我们就要真正知道婉如因何而死。

如果我们的社会让婉如知道，暴行就是暴行，她是个受害者，值得我们同情与保护，她就不会那么自责。如果这个社会教育她：女人的贞操和她做人的价值毫无关系，失去贞操并不代表失去人格尊严，婉如就不会有那样痛苦的羞耻感。如果我们的社会曾经鼓励她：所谓贞操只是那么可有可无的一层薄膜，女人的世界宽广无限，没有那层莫名其妙的薄膜，她还是可以追求事业，追求幸福，婉如就不至于那样自弃，也不会拿出那支刀片来割自己的手腕。

很不幸，婉如活在一个貌似开放，而其实顽固的社会里。有形的贞节牌坊已被拆掉，男人女人都满足地说："啊，台湾没有妇女问题，男女平等得很。"但是无形的贞节牌坊深深地建筑在每个角落；男人对女人说，女人也对女人说：贞操是"宝贵"的，这种观念，说穿了，不过是把女人当作盛着"贞操"的容器。"贞操"漏出来，表示瓶子破了，就可以丢到垃圾堆去。

婉如也以为自己已是个有裂缝的破瓶子，所以她把自己丢到垃圾堆里去掩埋。

李女士，可敬的妈妈，警察即使抓到了那个暴徒，也只拯救了少数几个可能受害的女孩。但是我们这个社会的贞节牌坊观念一日不改，我们就有千千百百个女儿可能拿起刀片，在莫名其妙的"羞耻"中毁了美丽的生命，碎了白发母亲的心。

婉如有爱笑的眼睛，喜欢在洗碗时大声唱歌，喜欢陪妈妈上菜市场；我的小婴儿有粉嫩嫩的脸颊，清澈如水的眼睛，她也要长大。婉如不该是一个摔破了的瓶子，我的小婴儿，不该是一个可能摔破的瓶子。让我们拯救自己的女儿吧！

支持严惩强暴犯！

胡女士：

拜读了您的大作《啊，女儿！》我的情绪一直很激动。久久不能平息，甚至当我躺在床上时，仍一直想着，竟无法睡着。

我同情那可怜的婉如，更为她不平，虽然她有个好母亲，但她却有一群很糟的同学，怎么能这样对她呢！太过分了，如果不是她同学说的话被她无意中听到，她或许不会死。

我也是学生，我了解同学的话能对自己产生多大的影响，如果她的同学能安慰她、鼓励她，那……反正说什么都没用了，她已经去了，再也不会回来了。

上帝在造人时就有了不公平的存在，为什么男生没有处男膜，而女生就有处女膜呢？男人无论有没有性行为，我们都无从判断，但女生若处女膜破了，别人就知道她不"纯洁"了，不管那是为了什么原因，她们就被否定了。

如果说她是那种随随便便、人尽可夫的女人，别人怎么批评她，我没话说，但若她是被别人强暴的受害者，别人凭什么指责她？难道有人喜欢被强暴吗？难道她们愿意这样吗？

自我懂事以来，被强暴的人似乎都没有好结果，为什么会这样呢？难道她们有错吗？就如您所说的，我们社会的观念有问题。

强暴别人的人，被关几年后就出狱了，但被强暴的人却要终身承受，这公平吗？胡女士，请您告诉我，我们的法律是不是太轻了？我们是不是该集体签名要求加重他们的刑罚呢？

谨祝身体健康

一个愤怒的读者敬上

查某人的情书

亲爱的，接到信，你就知道我还平安，不要焦急。

这是一家靠海的旅馆；我的窗面对着黑暗的海口，稀稀疏疏的渔火看起来特别寂寞——还是我自己的心情呢？

结婚三年以来，这是第一次给你写信，而居然是在我"离家出走"的情况下。你当兵那年，我们一天一封信地缠绵与甜蜜，倒像是不可思议的梦境。今天晚上，孤独地在一个陌生的小镇上，窗外飘来欲雨的空气，我真有点不知自己是谁的恍惚。

早上的事情实在并没什么大不了，你一定觉得我怎么突然小题大做起来；或者，以为我用出走来要挟你或责备婆婆。不，亲爱的，我一点没有要挟的意思。我只是走到了一条路的尽头，发现了一条岔路，现在，我得决定是往回走呢，或者，换个方向，往那几乎没有足迹的岔路上走去。

昨天一回家，婆婆就说：

"阿坤的衬衫领子有一圈肮脏，洗衣机洗不清净，你暗时用手搓吧！"

我说"好"，其实丢下书只想回房蒙头大睡；白天有教学观摩，连续站了好几个小时，觉得小腿都站肿了，晚饭也不想吃。但是一家几口等着我烧饭，你贪爱的黄鱼中午就拿了出来解冻，晚上非煎不可。

小叔回来了，三下两下脱掉脏透湿透的球衣，随手扔在餐桌上："阿嫂，要洗！"

电视声开得很大，婆婆唯一的嗜好是那几场歌仔戏。

抽油烟机坏了，爆葱的时候，火热的烟气冒得我一头一脸。炒菠菜一定得有七八颗大蒜，不然婆婆不吃；可是上菜的时候，大蒜一定要剔掉，因为你见不得大蒜。酱油又快用光了，再多炒一个菜就不够了。我找不到辣椒，大概中午婆婆用过，她常把东西放到她喜欢的地方去。

你的话很少，尤其吃饭的时候，说话本来不容易，婆婆重听，一面吃饭，一面听电视，声音开得更大。我说：

"待会儿陪我到河边走走好不好？"

你好像没听见；或许你也累了。几个人淹在歌仔戏的哭调里，草草吃完，你甚至没有发觉我做的是黄鱼。小叔丢下碗筷，关进房里去给女朋友打电话，婆婆回到电视前，你喝着我泡的热茶，半躺着看晚报，我站在水槽边洗碗碟。

回房间的时间，婆婆大声问了一句：

"这么快就洗好了？别忘了那些衬衫领子——用手洗。"

躺在床上，有虚脱的感觉。是教课累着了吗？还是做菜站得太久？还是那些油腻的碗筷？还是，因为你没陪我到河边走走？

今天刚好教李后主的《浪淘沙》，课堂上念着念着就想起我们读中文系的那段时光，每逢春雨，就自以为很洒脱诗意地到雨里去晃，手牵着手，一人一句地唱"帘外雨潺潺，春意阑珊，罗衾不耐五更寒，梦里不知身是客——"，然后全身湿透地回家，觉得透心的冰凉、痛快。

我把脚搁在枕头上，减轻胀的感觉，然后开始看李若男给我的书——你知道，若男从美国回来，变了很多，尤其看不惯我做"保守妇女"的模样，一直鼓动我看有关女权的书。不愿意辜负从小一块长大的情分，更何况，我们在一起时，永远只有我听的份，我倒真用心读了几本她介绍的书。

可是我还不太了解那些观念。这些书都强调女人和男人一样有智慧与能力，所以应该受平等的待遇，做一样重要的事情。所举的例子，不是女企业家，就是女博士、女主管、女部长；总而言之，"女强人"！而所有的"女强人"都长一个模样：短发、大眼镜、米色的西装，手里拿支笔，一副很严肃、很精干、很重要的神情。这些书强调女人的潜力，好像每个女人都应该从"家"那个窝囊的洞里出来和男人瓜分天下。或许我太保守，我总觉得：我不是"女强人"，我喜欢"家"里的厨房与卧房，我不喜欢短头发、大眼镜、米色的西装，我喜欢依靠在丈夫的怀里，让他拥着我叫我"小女人"，我不喜欢争强斗胜，不管是和男人或女人……

可是，这本新书里有一张很吸引人的画片：一个女人站在一片葱绿的原野上，眺望着无边无际的大海，在云海的会合处有几只淡淡的海鸥。很简单的画面，但是呈现出很宽很广、无穷无尽的视野。

照片下有简单的一行字：

比做"女人"更重要的，是做一个纯粹而完整的"人"。

我心动了一下，但是理不出什么头绪来。

婆婆把头探进来两次，我没作声；我太累了，而且，我还在想那一行似通不通的句子。有时候真希望能够把房门反锁了，没经过允许，谁也不能进来打扰，可以假装不在。小时候，每和爸妈斗气，照例躲进大衣橱里睡一下午，觉得安全又自由。但是我们的房门上没有锁，一结婚，婆婆不喜欢，就把锁打掉了，表示我们是亲密的一家人。

你进房的时候，大概很晚了。我睡得朦朦胧胧的，你也倒头就睡，背对着我。

没想到早上婆婆生那么大的气。稀饭确实煮得太硬，不过，平常不也就吃了吗？我要加水再熬，她把锅抢过去，一把翻过来，就把饭倒在馊水桶里，大声说：

"这款饭给猪吃还差不多。不爱做事就免做！阿坤儿，你今天自己去买几件干净的衬衫来穿，不要让别人讲笑！"

你抓了份早报，走进浴室，很不耐烦地回头说：

"查某人，吵死！透早就吵！"

"砰"一声，把门关上。

婆婆重新淘米，锅盘撞击得特别刺耳。你大概坐在马桶上，一边看武侠连载。小叔揉着睡眼出来，问我昨天的球衣洗了没有，他今天要穿。

我压住翻腾的情绪，走到后院，隔壁阿庆的妻挺着很大的肚子，正在晾衣服。

　　不，我并没有生气，真的不生气。只是站在那里看着阿庆的妻很艰难地弯腰取衣，那一刻，我突然意外清楚地，从远方看着自己这个"查某人"——

　　三年来，清早第一件事是为你泡一杯热茶，放在床头，让你醒过来。你穿衣服的时候，我去做早点，顺便把小叔叫醒。伺候你们吃完早餐，你骑机车到镇公所上班，我走路到学校。放学回来，做晚饭，听歌仔戏，洗碗筷，改作业，洗衣服，拖地板，然后上床，熄灯，睡觉，等第二个清晨为你泡杯热茶、叫醒小叔、做早饭……

　　然后你坐在马桶上，很不胜其烦地说：

　　"查某人，吵死！透早就吵！"

　　"帘外雨潺潺，春意阑珊"就是这么回事吗？

　　我不是若男，也没有兴趣作女强人；可是，亲爱的，我到底是什么？为什么我觉得这么空虚？好像声嘶力竭地扮演一个角色，而台下一片嘘声；好像做任何事情，都是我分内的责任，这个"分"，就是妻子、媳妇、大嫂，总而言之，作为一个"女人"的分。我，就是一个女人；女人，就该做这些事，过这样的日子。这是命！

　　我很迷惑。你上了一天班回来，筋疲力尽，觉得做丈夫的有权利享受一下妻子的伺候；但是，别忘了做妻子的我也上了一天课，也觉得筋疲力尽，为什么就必须挑起另一个全天候的、"分内"的工作？为什么我就永远没有"下班"的时候？并不是我不情愿服侍你，我非常情愿。可是，亲爱的，你知不知道，我并不是因为要履行女人命定的义务才为你泡一杯香茶，实在是因为我爱你——爱你熟睡时如婴儿的眉眼，爱当年吟诗淋雨的浪漫，爱你是我将白头共老的人——所以服侍你。如果你把我当作一个和你平等的、纯粹而完整的"人"看待，你或许会满怀珍爱地接过那杯浮着绿萍的茶，感谢我的殷勤。可是，你把我当"查某人"看，所以无论做什么，都是"分"内的事。结了婚，戴上"女人"这个模子之后，连看书、淋雨、念诗、到河边散步、幻想，都变成"分"外的事了。我变成一只蜗牛，身上锁着一个巨大的壳，怎么钻都钻不出去。

这究竟是怎么回事呢？难道作为女人的同时，我不能也是一个自尊自主的"人"？难道一定要与男人争强斗胜，一比男人更"男人"，才能得到尊重与自由？我可不可能一方面以女性的温柔爱你，一方面，你又了解我对你的爱并不是"查某人"分内的事，因此而珍惜我的种种情意？说得更明白一点，亲爱的，你能不能了解，我为你所做的一切——烧饭、洗衣、拿拖鞋——都不是我身为女人的"义务"，而是身为爱人的"权利"？一切都只为了爱？！

比做"女人"更重要的，是做一个纯粹而完整的"人"——你懂喝？愿意懂吗？

连海口的渔火都灭了。我已经走到一条路的尽头，只盼望你愿意陪我转到那条足迹较稀的岔路上去。回头，是不可能的。

查某人的心愿

胡小姐：

您好，看了您的大作《查某人的情书》，家姐和我都深深感动了。

虽然我尚未嫁人，其中甘苦亦可从姐姐口中得知一二，尤其家姐亦任教于某专校，现远嫁北部，但她拜读您的文章后即刻打电话给我说："小妹，今天我读了篇文章，是我婚后第一次感动至深的。"她结婚已六年了，尤其近日刚拿掉小孩，心中更感空虚，她甚至跟我说近日她先生对她特别好，她甚至愿意永远生病。为什么人都是在有病痛时才能获得友人和亲人的关照，而非平日就能得到这样的关怀？

盼望能和您做个笔友，如果可能的话，更想请您教教姐姐如何做个"完整的人"。虽然她受过很高的教育，但面临这种事似乎谁都逃不出。

祝福您

男主外，女主内

在《联合报》副刊的"人生对话"专栏中，女作家谈"婚姻与家庭"的《在河之洲》文中，胡美丽回答了两个问题。

问：男主外，女主内，有什么不好？

胡美丽答：

没什么不好，如果是自由选择的话。

但有的女人爱主外，而且比男人还主得好，强制她主内，就是不平等；要是有男人爱主内，强迫他主外也是虐待。

所以争取女权，其实只是争取"人"权：男人和女人一样需要解放。如果妇女想走出厨房，过9点到5点的生活，喜欢理家的男人就应该有胆量说："我爱厨房"，争取主内的男权。

问：台湾真的有男女不平等的问题吗？

胡美丽答：

台湾有男女不平等的问题，就好像观光饭店中有蟑螂一样，分明在汤里都煮熟了还死不承认。

举几个数据的例子。资料显示，台湾女硕士的薪水只有男硕士的88.09%，女学士的薪水是男学士的65.6%，而小学毕业的女生，就只有同学历男生的49.9%，还不到一半。

这叫做同工同酬吗？

"考试院"的资料说，在所有女性公务员中，91%任低职位，0.4%占高职位。相对的，男公务员中，低职位的只有72.3%，高职位的却有3.7%。

这又叫做机会均等吗？

男人说台湾没有男女不平等的问题，还可以谅解，他们或许是不知道，或许是有意地保护既得利益。妇女自己也满足地说"我们没有妇女问题"，就未免太缺乏自觉了。自己的权利自己不争取，难道还要依靠男人吗？

让强者自强，弱者自弱

胡女士：

纵使这封信略嫌唐突，但看过阁下在"联合"副刊就"婚姻与家庭"所作讨论之后，我认为这封信自有其存在的必要，尤其针对阁下这位"伟大"的女权"急先锋"。

很显然地，阁下亦不过是众多盲目迷信"数字游戏"的俗人中的一员，我甚至近乎失去理性地认为，阁下恐怕曾经受过男性虐待。

自然地，我已经很粗鲁地丧失男性应有的风度及素养，但是既然阁下再三强调"男女平等"，那么我这封信当然也无丝毫轻蔑及侮辱的意味，阁下认同否？毋庸置疑地，任何正常的男性无论在适应力、学习力、反应力，以及耐力方面都超越女性，至少在比例上占有绝对的优势，至于类似阁下如此这般的"超人"，那也是微乎其微。

我建议阁下将"争取女权"的论调向那些"超人"们发表，甚至可以组织个什么"俱乐部"、"同盟会"之类的组织，利用空档发发谬论、放放厥词，我绝对赞成，甚至捐款协助筹备。而对于其余缺乏主见的妇女们，我斗胆地"求"你少开尊口，除非阁下已有"整肃""钥匙儿童"的方案抑或其他有"建设性"的卓见，否则阁下恐怕将成为糟蹋善良家庭制度的刽子手，背上反伦理道德的大黑锅。

阁下痛责多数女性不懂自觉、缺乏争取，并且奉劝她们莫要依靠男人，完全是美式女权主义者的翻版，但仔细思量，阁下身为淡大英文系副教授，有此观念乃想当然耳，只是可怜这班学生，在您悉心调教下是否也同为狼狈？写到此，一恸。颂

福安

我爱女权主义者

美丽小姐你好！

我最近看报看得很痛快，因为有你和龙应台这种笔下功夫好的同志、同胞，把我的观念说出来。

我的信一方面是告诉你，我对你的共鸣，另一方面，我要用西式的表达方法告诉你："我爱你。"

我是个赳赳武夫（三十岁、一百七十六公分、七十公斤、健壮、职业军人），指挥过大军，自认很尽职、负责，很有男性气概，但是，我完全赞同你的看法。不过像我这种"大男人"，说实在，目前并不多，所以请你加油。

女人该看什么书

听说台北新开了一家大书店，专门卖"给女人看的书"。这是大事一件。记者打电话来问胡博士：女人该看些什么书？

首先，我要感谢这个书店的成立。从今以后，我们不但有专治女人头发的美容院，专卖女人服饰的委托行，专治女人身体的妇产科，还有书店专卖女人爱看、可看、该看的书；不久的将来，体谅妇女的人也许还会开一家电影院专门演女人可以看的电影，举办专门给女人欣赏的画展、音乐会等等。在大学里教的理则学、心理学、研究方法论之类的课程，将来也可以特别开女生班。这个书店的成立，是我们栽培现代妇女一个很重要的里程碑。

为什么呢？在这个书店存在之前，社会只承认女人的外形及身体结构与男人不同；美容院、委托行、妇产科，都是针对女人的外在而设立的。这个书店始创，表示连女人看的书和男人都不一样，也就是说，我们的社会终于体认到：

女人不只在身体上不同于异性，她的头脑与心灵也与男人不同。她吸取知识的能力、逻辑思考的方式，以及个人生活上的兴趣，在在都与男性相异。一般的书店不能满足女性心智上的要求。

譬如说，女性在吸取知识上着重于快捷，而不重深入，所以不要买卡尔·荣格或弗洛伊德写的大部头的心理书。妇女能够接受的是简单明快的什么《如何了解自己》、《你我都没问题》或《心理学ABC》以及《理则学123》之类的幽默小品。女人如果能够深入地去研究一个大题目的话，她也就不会是个女人了。

再说，女性逻辑思考的能力也不健全。她们从小就被教导：女孩子更重感性，男孩子重理性；所以她们看事情比较凭直觉。一些必须凭抽丝剥茧的思考力才能看懂的书，根本就不需要摆出来卖。像什么《罗马帝国兴亡史》啦，《第三世界经济前途》啦，对女性而言，毫无意义。但是一些简单而有趣的侦探小说，譬如《淡水快车谋杀案》或《谁烧焦了这锅饭》之类的，妇女凭她异常敏锐的直觉，常常有很深入的体会。

最重要的，当然在题目的选择上——女人爱看、该看哪一类的书？我们不能否认，人是环境的产物。一个女人，三岁的时候，大人塞给她一个会眨眼、会尿尿的洋娃娃玩，激发她的母爱天性，所以育婴的书是必要的。在她十三岁的时候，大人教她"坐有坐相，吃有吃相"，走路要端庄、举止要文雅，所以有关仪态举止方面的书，绝对有用。二十三岁的时候，她自己也是大人了，但社会告诉她：找对象的时机到了，要了解男人心理，要温存体贴，不要让他有压迫感，所以《如何修饰你的脚趾》、《爱他就是说抱歉》、《美满的婚姻》、《顺夫术》、《蓬门今始为君开》、《要我吧！》这一类的书对迷惘的女性就有启发的作用。

三十三岁的女性已经定型——给她看《插花100》或《微波炉的神妙》等实用的书就可以满足。过了三十岁的女人也开始衰老怕老，针对这一心理，就应该准备《如何打败皱纹》、《比情妇更妩媚》、《按摩须知》、《看住他》、《更年期的爱情》之类的书。而所有的这些书，都应该选择最光滑的纸张印刷，甚至喷上一点朦胧的香水味；我们不能忘记：女人是唯美的、直觉的。至于超过三十三岁的女人，就不必考虑为她们准备什么书了；她们不会去看书。

女人是个很可爱的动物：身体软软的、讲话哆哆的、眼睛甜甜的、头发香香的；更令人怜惜的是她没有逻辑的大脑，1加1等于2.5，可是噘着嘴、顿着足那样说出来，哎呀，真是可爱极了、哆极了。至于少数女性居然弄起电脑、工程、医学，做起博士、教授、主管来，还摆出一副自立自主、对社会大有贡献的架势，我只能说，她对不起中国的五千年文化传统，对不起爱护她的中国男人。

"女人书局"有一个重要的任务：时时提醒女人不要"捞过界"来。

我也想去"女人书店"

胡美丽：

您好，在一很偶然的机遇里，看到您的文章《女人该看什么书》，想请问一下这家书店在何处，能否来信告诉我？

我想凡是女孩子看到这篇文章，一定会和我一样，很好奇地想去看一看。是不是？在此谢谢您！祝

心怡

您的读者上

缠脑的人

龙应台教授在《幼稚园大学》一文中，提到"泪眼汪汪"的大学女生。她很惊异地发觉受高等教育、二十岁的女孩子在独立处事的能力上，只有五岁的程度。

龙教授或许以为这是大学幼稚教育所致，美丽却认为这两个哭哭啼啼的大女生是"愚女政策"下的产品。

如果伤了脚踝的是个男生，我相信这两个男生绝对不会泪眼汪汪，说不定还铁青着脸，很英雄气概地说："走，叫不到车，咱们爬下山去，小意思！"

女孩子为什么遇事手足无措？因为她不会。为什么不会？因为没人教过她独立自主。为什么没人教她独立自主？因为她身为男人的父亲、身为女人的母亲，以及这个社会，都心里有数：为了她有幸福的归宿，她最好永远保留泪眼汪汪的五岁心态；男人都喜欢楚楚可怜的女人。

你难道不知道，小说里，那个头发乱乱、眼睛深深的男主角总是被小鸟依人、楚楚可怜的女孩所迷惑。在诗里，总是"君为女萝草，妾似菟丝花"，菟丝花就是绕指柔。在电视上，个性坚强明快、有主见的女人最后都沦为没人要的老处女。剧终时，抽着烟斗的董事长爸爸会语重心长地说："女人不能好强；男人，都是吃'软'不吃硬的。"总而言之，柔弱，是女性取悦男性最有效的利器，也是女性幸福的保障。

男人又为什么偏爱楚楚可怜的女人呢？

答案很简单：为了满足男性的"自我"。

把你的脚缠小了，我才能健步如飞。将你的腰饿瘦了，我才能伸出粗壮的臂膀来让你作掌中轻。你的脑子愈是一团糨糊，我的智慧愈显得清澈如水。你的个性愈是优柔寡断，我的气概愈显得刚硬果决。你必须是柔情似蜜的美女，我才能做昂头阔步、英气逼人的大丈夫。如果你的脚大、腰粗、才思敏捷、个性明快，那我还唱什么戏？

好吧！男女慕情，各取所需，本来就是造物者安排的一场游戏，各扮各的角色，有何不可？男人为了膨胀自我，希望女人以弱者的姿态来取悦自己；女人为了安全保障，也就心甘情愿地把自己塑造成弱者来取悦于他。于是男孩子雄赳赳，女孩子泪汪汪。这真是一个愿打，一个愿挨，皆大欢喜。

然而问题不这么简单。楚楚可怜的女性或迟或早都会发现她要付出"弱者"的代价：她或许绝顶聪明，但是"查某囡仔读册太多，嫁不出去"，所以她读书"适可而止"；笨头笨脑的弟弟年年补习，考联考，她却在纺织厂做工，积蓄嫁妆。她也许能力杰出，但她领的薪水硬是比李大头少一百块——"人家男人家要养家！"她或许好不容易找到了个理想的工作，但一跟贾胡图结婚，就被辞退，像粘过鼻涕的卫生纸。结婚后，她也许辛辛苦苦赚了一栋房子，不幸贾胡图爱上了个比她更楚楚可怜的人，办离婚时她发现：她赚来的房子归丈夫——和那个没良心的查某。连她怀胎十月、喂奶、换尿布，一瞑大一寸的小孩，也属于丈夫；一切的一切，都归雄赳赳、气昂昂的贾胡图。

哭，有什么好哭的？！从小到大你不是深信女孩应该比男孩子身体纤弱一点、头脑愚钝一点、学历低一点、知识少一点、个性软一点吗？你不是一直在唱"君是树来妾是藤"吗？你不是一向瞧不起那批自称独立的所谓"现代"女性吗？既然心甘情愿地做楚楚可怜的弱者在先，又怎么能抱怨弱者的待遇在后？这不是活该吗？

"泪眼汪汪"的女生恐怕不尽如龙教授所说，是大学幼稚教育的结果，"愚女政策"或许是更直接的因素。这个"愚女政策"在开始时也许是聪明男人的点子，女性却也甘之若饴。

在先进的 20 世纪，脚，是暂时不缠了，但是饭少吃两顿，使体质羸弱；太阳少晒一点，使肌肤养白；书少读几本，使目光如豆；脑筋不动，使个性温驯。会做的事假装不会，使他有优越感；不会做的更别去学，傻着眼，作手足无措状，激发他的英雄气概。万一非做不可，就做它个乱七八糟，再来个泪眼汪汪，让他心都碎了。除此之外，还可以哭一阵、闹一阵、跺跺脚，再上个吊，咱们是女孩子嘛！

这不是缠足，这是缠"脑"缠"心"！你若执意要做自我局限的弱者，那么不能求学的时候，被迫辞职的时候，财产被剥夺的时候，薪水不公平的时候，失去子女监护权的时候，你就不要哭着说："你们男人都是这样！"缠脑的是你自己。

丑 闻？

美丽女士：

常常读到你为女性说话的文章，所以写这封信，希望和你谈谈我的烦恼。我的教育水准不高，词句不通的地方请原谅，尤其今天心里很激动。

我今年四十五岁。丈夫阿坤在十年前车祸死去，留下我和两个小孩，守着丈夫的家具行，生活还过得去。十年前，连阿坤的爸妈都劝我改嫁，说这年头不一样了，不必死心眼守寡，可是我看孩子还小，实在不愿为他们找个后爸，所以一年又一年，也熬过来了。

然后阿珠到台北吃头路（在美容院，专门烫男人的头发），一个月才回家一次。阿雄去作兵，平常只能写写信。

我一个人看店，有时候也真寂寞。隔壁邻居跟我同岁的女人都是有丈夫的，也不可能过来陪我聊天，所以我常打毛线，有时候也看三毛和琼瑶的小说。

这一天，一个戴眼镜的大学生来买书桌，看中那张最便宜、三百二的桌子，想讲价又有点不好意思的样子。我想起在马祖的阿雄不知冷暖如何，就主动降了三十元给他。他叫何庆祥。以后他就常来店里，有时候来借台灯。有时候，带一些书来给我看，有些是翻译的，像《包法利夫人》和《野性的呼唤》，比较难懂，但一经阿祥解释，就清楚了很多，我也渐渐爱看起来。

每次阿祥来，我就留他吃饭。他每次都吃得很快、很多，好像在学校里没饭吃一样。一面吃，就一面说学校里的事，常常说大学女生很娇嫩，不成熟，跟她们谈不来。看他落落寡欢的样子，我也心疼，只好多炒几样菜，逼他谈我们都看过的书，逼他把脏的衣服带过来洗。后来，我们就一起去看电影，在黑黑的戏院里他牵着我的手，一直没有放。

这是去年发生的事，今年2月，我们决定要结婚。阿珠和阿雄当然很诧异：妈妈要跟一个二十岁的男生结婚，可是笑过之后也就算了，他们还好几次和阿祥三个人一起到城隍庙的夜市去喝啤酒。

阿祥的爸妈在台南开布店，年纪跟我差不多。阿祥说他们很保守，可能反应会很强烈，但他们一向都听他的，只要我们坚持，总是会风平浪静的。阿祥握着我的手，说："阿芬姐，你一定要忍耐。"他那个稳定沉着的样子，像个五十岁的老头，比死去的阿坤还要笃定得多。我让他回台南，安心等他父母暴风雨似的到来。

他爸妈真的来把我臭骂一顿，说我"不要脸"、"勾引男孩子"，什么难听的话都说尽了。美丽女士，我也不是那种温驯乖巧的女人，难听的话我也会说。对面那个后生曾经想赖我的账，还在店里毛手毛脚，被我用杀鸡的菜刀像疯婆子一样把他吓出去，到现在还不敢进我店门。可是对阿祥的父母，我当然不会回嘴；等他们气完了，发觉阿祥和我还是那样，大概也会回心转意吧？！

结果，真正伤到我心的居然是外人——报纸的记者。他们说我勾引年轻男子，只有一个目的，就是性。说我败坏风俗，说这是丑闻。还找了什么心理学教授之类的，来分析我的心理，说我正值"狼虎之年"，性欲正强，所以完全是以性来满足自己、诱引别人。

胡女士，我只有高中毕业，又一直住在乡下，也没有接触过什么新女性主义之类新潮的观念，所以对自己很缺乏信心。你能不能告诉我：记者这样报道我对不对？那位心理教授这样说我应不应该？我很迷惑。

四十几岁的男人娶二十岁的女人为妻子的例子很多，为什么四十几岁的女人嫁给二十岁的男人就是"丑闻"？我和阿祥相爱，到底"丑"在哪里？我不偷人家的丈夫，又不与人随便同居，而是要和阿祥光明正大地结婚，我"败坏"了什么风俗？说我"勾引"阿祥，阿祥是个年满二十岁、头脑清楚、个性成熟的大学生，是不是"勾引"，问他不就行了？那位受过教育多多的心理系教授，又没有见过我，问过我的话，他怎么能说我对"性"的要求怎么样又怎么样，好像我不是一个有名有姓有自尊心的人，好像他在讨论一个心理个案，可是他又没有研究过我"张淑芬"的个案，他怎么能在报纸上信口开河？现在隔壁的小孩子看到我，都吃吃地指着我笑说："伊'狼虎之年'！"要我今后怎么做人？我到底做错了什么事，要记者、教授来处罚我？

不是不知道和阿祥结婚，以后的日子还困难多多，我们也都争论过。我六十岁的时候，他才三十五岁，我怎么保得住他？可是转念想想，难道年龄相称的夫妻就没有问题吗？阿坤撞车的时候，才只三十六岁；我也并没有在二十岁的时候，为了担心做寡妇而不嫁他呀？！未来哪里是可以用一个手指、一个手指计算安排的呢！守了十年的寡，孩子们都出头了，我还不能嫁一个自己喜欢的人吗？更何况，将来有再大的困难，也都是阿祥和我张淑芬自己的私家事，这与报纸、心理学家、社会道德有什么关系呢？

报纸上那样报道，好像四十五岁的女人和二十岁的男人结婚是件很肮脏的事，我觉得很受伤；四十五岁又怎么样？如果一个四十五岁的男人在一般人心目中是潇洒迷人、成熟智慧的，四十五岁的我也觉得心里充满了感情、充满了爱的力量。我错在哪里？

胡女士，我的知识不多，请你告诉我，这个心理教授有没有权利那样侮辱我？我受不受法律的保护？能不能控告他破坏我的名誉？

张淑芬敬上

女儿，我要你比我更快乐

我是个女性麻醉技师，工作中每看到痛苦挣扎于生死边缘的产妇，最后终于挨了一刀产下小娃娃，心里总是万分感动、欣慰。然而疲惫昏睡的产妇总是一再地问我："我生了什么？""女的！啊！我真对不起我先生！""孩子给他们看了吗？""我先生高不高兴？""我婆婆有没有说什么？""唉！我又开了刀多花钱，真对不起！"

这种时候，我真想对她们呐喊：不要再说对不起！管他高不高兴！生男生女谁做得了主呢？花点钱算得了什么？看看你自己给折磨成什么样子？女人！女人！为什么你总是为别人而活？生命乃是天赐的，多爱你自己一些些吧！

前不久看了美丽女士写的《缠脑》和《丑闻？》，深感于我心有戚戚焉！女人到底已经知道自己作为"人"的权利，而奋斗而发出呐喊了。我们有爱人与被爱的权利，不能因为男性社会故意丑化年龄差距的婚姻就畏缩妥协。环顾四周，多的是四五十岁的男人娶二十年华少女，为什么四十五岁的女人不能嫁给二十岁的男人呢？

我们有求知的权利，好好充实你的头脑，发展你的能力，不把文凭当作嫁妆、点缀门面的工具；不把孩子生病、做家事当作偷懒怠慢的借口；以做花瓶为耻，脚踏实地工作的女性或可在男性社会中要求真正的平等。

我有一儿一女，从小我给予他们同样的教养，儿子爬树女儿也爬树，给女儿一个布娃娃也不忘给儿子一个，我鼓励他们爬得更高，教他们跑得更快，跌倒了同样含着泪水自己爬起来。我的女儿勇敢有主见，知道自己要的是什么，她会的她举手表演，她不会的她举手发问。没有泪眼汪汪的手足失措的可怜女儿态，邻居朋友伯伯叔叔都说她能干、聪明，不过最后总是要说一句，她真像个男孩，没有女生味道。

是的，这是我在计划养育她的时候就已经预料到的结果，人生中总是有所得必有所失。在失与得之间加以抉择，择善固执而已。

透过女儿，我仿佛看到幼小的自己，小小心灵中充满了一股强烈的欲望，我想尽情奔跑，爬高欢笑，无拘无束随心之所欲，有如天上飞的小鸟、池中逍遥的游鱼。这不正是父兄生活的写照吗？然身为女儿身的我却一再被告诫着女孩子不作兴这样、不作兴那样，压抑再压抑，终养成腼腆含蓄的所谓女人味，儿时的幻梦无迹可寻，这是何等的代价啊？

全国的母亲们，快快把你们的缠脑布抛弃，让你们的女儿为自己而活，为自己是"人"的权利而活。所有男性社会中标榜的所谓女性化、女人味，所谓苗条，所谓婀娜多姿，所谓三从四德，所谓齐大非偶等等等等只有女人才被要求的种种，都要拿出来重新思考、重新判断、重新给予评价，这其中有多少陷阱？多少桎梏？它夺去了我们的自由、我们的快乐，绑住了我们奔跑的脚步、伸展的双手，而唯有我们女人自己解除这些缠脑布，否则世世代代的女儿还是要忍受它的束缚所带来的苦痛啊！

你是个好母亲吗

你是个好母亲吗？来，试试"美丽母亲心理测验"，看看你能够得几分。

如果你怀疑半岁大的娃娃有鬼怪附身，所以你把她从十楼的窗口丢出去，或者把她塞在箱子里闷死（在纽约发生的）。如果，你一生气起来全身发抖，会情不自禁地拿香烟去烫小孩的腿；或者，六岁的小叮当不听你话，偷吃了巧克力，你就用铁箝把他的牙齿全敲下来（在台湾发生的），那么，你这个母亲的得分是负值的，也就是说，比零还低。你读完这篇文章就赶快去看精神科医生。

如果你给孩子吃得饱、穿得暖、用得足，可是你工作太忙，从来就抽不出时间跟孩子们聊天、放风筝、看场电影，换句电脑用语，你专门供给硬件——房子、冰淇淋、零用钱，但是不给软件——耐心、微笑、爱，你这个母亲，大概只值二十分。

如果你不仅让孩子们吃饭、穿暖，还刻意地花时间和他们去交朋友。胖妞跌伤的时候，找你吹一下就眉开眼笑。小毛被人欺负了，跟你耳语两句，就心满意足。孩子们认为，除了毛茸茸的小黑以外，你是他们最忠实、最温柔的伙伴。这样，你这个母亲可以得四十分——才四十分？当然啦！因为你跟小毛他爹三天两头仇人似的吵架。别以为房门关得严，孩子又睡得沉。花瓶把梳妆镜打个粉碎，隔村的人都听得见。孩子在被窝里头哭的样子你就没看见。

如果你这个妈妈不但是孩子们最亲密的伙伴，也是爹爹最温柔的助手；不但懂得家庭营养，也知晓儿童心理；不但对孩子管教有方，而且对公婆和睦周到。家里内外更是窗明几净，是所有的小朋友都爱来的窝。这样的母亲，该得一百分了吧？！

不，在"美丽测验"的标准中，这样慈爱、细心、"完美"的母亲，只能拿六十分。

为什么？

因为这样的母亲，就像一只辛勤的母鸟在枝叶深处努力地筑巢、喂哺，但她丝毫不知道，这株她所栖息的大树正受万虫蚀蛀，随时有倒塌的危险，看看胖妞和小毛正在进入一个什么样的世界：

从十二到十五岁，他们的发育都还没有完全，但我们为他们准备的教育制度将把他们的肩膀拉斜，因为书包很重；要使他们视力衰退，戴上眼镜（你现在觉得胖妞眼睛清亮动人吗？多看两眼，不久了）；要使他们眼布血丝、面目呆滞，因为睡眠不足；要把他们训练成高压下的竞争动物，因为他们发觉：一起捉青蛙的朋友其实是考场中的敌人。换句话说，对每一个胖妞和小毛，我们这个小岛上的成人世界都张着一张大网等他们闯进来，一进来就掐死他的童年与快乐。

这株"大树"里另外有只惊人的虫，正在把树上所有的叶子一寸一寸地吃掉，每吃掉一叶，就留下一圈焦黄的窟窿。这只虫有个好听的名字，叫"经济成长"。我们自己是胖妞和小毛的时候，街上有火红的凤凰花，河里有透明的细虾，海边有怪模怪样的沙蟹。我们现在所留给胖妞和小毛的，河里有垃圾和带汞的鱼，街上有"年年绿化"的脏牌子和秃死的树，海边有废弃的电池和金属，海里的珊瑚一片死亡。这，是胖妞和小毛的明天。

在这样的大环境之下，关起门来做个细心、温柔的母亲，你觉得够吗？想想看，你在家里教小孩"活"读书、重思想，学校为了联考，却强迫孩子死记生吞。你在家里给孩子准备最营养的早餐，商店供应你的，却是假的奶粉。你在家里教导孩子珍爱自然生命，出了门的孩子却根本看不见、感触不到自然生命。

关起门来做个"好"母亲，够吗？

解决问题要从根本治起。如果你真心爱你的子女，而且懂得如何去爱，你应该如切肤之痛地体认到：把小圈圈弄好是不够的，你必须发挥力量促成大环境的改造。先进国家的妇女早就诉诸行动了。日本的妈妈，发现巷口那家超级市场卖假冒的乳酪，她所加入的"主妇联"组织立即采取行动，抵制这家商店。美国的妈妈丧失了心爱的女儿——被酒醉的驾车人撞死，她马上组织所有关心的妈妈迫使警察作严格的取缔。德国的妈妈担心核子大战及生态的破坏——她希望德国代代子孙都能享受黑森林的呼吸，于是她开始阅读有关核害及污染的资料，甚至组织了一个政党，来实现她们的理想。

台湾的母亲，你又在做什么呢？为工作忙吗？为三餐操心吗？

上插花班、有氧韵律体操课吗？打麻将吗？串门子吗？觉得空虚、寂寞、无聊吗？为孩子的未来忧虑吗？

如果只是在小圈圈里亲亲孩子的脸颊、吻吻他的手，我们究竟为孩子的明天做了什么？现代的母亲已经不是一个踏着三寸金莲、"父死从夫，夫死从子"的愚妇；你受过教育，有智慧、有能力、有思想，为什么不主动为孩子争取一个比较美好的未来？现行的教育制度有什么毛病、核电厂该不该建、环保局的预算够不够、卫生署的措施等等，并不是"男人"的问题；这些事切身地影响到胖妞和小毛的未来，就是母亲该关怀的问题，就是"女人"切身的问题。任何有胆识的母亲都应该抽出那么一点点时间，从厨房和梳妆台边走出来，大声地说话，勇敢地行动。

如果你真想给眼睛清亮的胖妞和小毛一个值得活、值得爱的明天，你就得做一个主动的、一百分的母亲，不能是一个被动的、小圈圈里的、六十分的妈妈。

一瞑大一寸

"速隆美！速隆美丰乳器使你一瞑大一寸，使你曲线玲珑，丰满诱人，赢得男人的爱慕、女人的嫉妒。速隆美是你人生幸福的泉源。"

好醒目的广告。还有照片，穿着比基尼的女郎像只肥企鹅似的把前胸奋力推出，一脸媚笑。厂商有资本做这么大的广告，想来去买"一瞑大一寸"的女人应还真不少？

另外还有一种声势浩大的广告也与女人的乳房相关：婴儿奶粉广告；报纸、电视、小儿科的走廊上，到处都是。

奶粉广告有两个要素，一是文字或语言，告诉你：

"胖嘟嘟奶粉完全依照母乳成分，由荷兰科学家精心调配而成，成分与母乳相同，营养均衡，容易消化……被证明是现代化、完善母乳化的婴儿奶粉……"另一个要素是图片：美丽优雅的母亲，美丽优雅的背景；最重要的，一个胖嘟嘟可爱的宝宝，而且是金发碧眼的洋宝宝！

这样的广告，到底在搞什么鬼？

图片中充满了暗示。美丽优雅的母亲用胖嘟嘟奶粉，也就是说，如果你有气质、有身份、有钱，你就用奶粉育婴。只有粗俗贫困的乡下妇人才用母奶，或者米麸之类的代用品。这个信息和"速隆美"丰乳器就扯上关系了：女人的乳房纯粹为了"美"而存在，是性的诱惑，不是用来哺乳的；优雅的妇女不屑于喂母奶！

厂商以洋宝宝做宣传当然也别有用心。在一般人观念中，西方人讲究营养，体格健壮。荧光幕上洋娃娃肥肥的手脚晃来晃去，就在暗示你：如果你也用胖嘟嘟奶粉，你的婴儿就会像洋宝宝一样健康可爱。

至于那段宣传文字，就更有权威性了，不但是"现代化、完善母乳化"，而且由荷兰——一个西方先进国家——的"科学家"调配而成，还有什么可怀疑？

不过，这些广告如果都是真的，为什么英国发展组织指控这些奶粉公司为"婴儿谋杀者"？瑞士的第三世界行动团还出了一本书，书名就叫《雀巢公司谋杀婴儿吗？》。世界卫生组织和联合国的儿童基金会也同声谴责奶粉公司的广告伎俩。因为这些广告完全歪曲了事实真相，为了谋利而牺牲了婴儿的健康。

西方的母亲知道世界上没有任何奶粉比得上母奶，也充分感觉到奶粉企业的声势浩大。所以在法国，有妇女组织了"哺乳联会"（La Leche League），在西方各国劝导妇女哺乳。欧美各国的妇女组织、工会、宗教及卫生团体，也都发起拒买奶粉的运动。跨国经营的奶粉大企业，骗不到西方妇女的钱，只好转移阵地，来骗骗咱们第三世界的母亲。

而我们第三世界的女人倒也天真无邪，西方人卖什么我们都要。二十年前，母亲喂奶的镜头到处可见。公车上、榕树下、骑楼边，只要娃娃饿了，母亲就把孩子拥入怀里，让他饱餐一顿。二十年后的今天，我们的婴儿可能以为所谓的"母亲的乳房"，就是一个硬硬的、透明的、要用开水煮过的塑胶容器呢。

奇怪的是，大部分的医院也和牛奶趋势息息相关。他们通常连问都不问，就径自给婴儿喂牛奶，更别提鼓励产妇哺乳了。产妇出院，碰到的第一个问题是："你用什么牌子的奶粉？"好像奶粉是自盘古开天地以来就有的正统育婴食品；喂母奶倒成了"非正统"的异数。每当有人用惊讶的表情问胡美丽"为什么"喂母奶时，胡妈妈无奈之余只好回答：奇怪了，所有"哺乳类"中，狗喂狗奶，猪喂猪奶，人为什么不喂人奶？

你可别觉得这乳房问题是不登大雅之堂的话题，不应该在报上嚷嚷。它的重要，首先关系到妇女自尊的观念问题。以前的女人缠足，把脚的骨骼扭曲折裂，绑成半个臭粽子，是弃置脚的正常功能——不让它走跳踢跑，却把它作为取悦男人的香饵。现代的中国女人不缠足，进步了，解放了，可是如果她们去丰乳有了孩子之后却不哺乳，那就是弃置乳房的正常功能——不让它哺育婴儿，却把它当作取悦男人的玩物。这和缠足没有两样，后果却比缠足更严重：缠足还只伤害了自己的身体，丰乳而不哺乳，除了可能在自己身体中制造不好玩的硬块之外，还伤害了自己的婴儿；他被剥夺了吃母乳长大的机会；而母奶是一个婴儿无可取代的最营养的食物。

缠足与丰乳，一个缩小，一个放大，含义却是一样的：女人把自己当作男人"性"的宠物。

台湾的母亲不再哺乳，问题更严重。西方国家禁用的药，到台湾来卖。先进国家不准成立的工厂，到台湾来开。西方的母亲不用奶粉，到台湾来卖给中国的母亲。有毒的药吃进中国人的身体；工厂的污染糟蹋中国人的土地；不如母奶的奶粉喂食中国人的下一代。

以前侵略中国土地的是带着枪弹的强国的军队，现在入侵台湾的是带着文明包装的先进国商品。

有形的军事入侵，我们至少还有武力反抗；文明商品的侵略，我们却睁一眼闭一眼欢迎，不问后果。西方的大企业也知道第三世界好骗，料定他们科技资讯不足，不知道一个新发明可能隐藏的祸害；也因为他们的政府往往需要"饮鸩止渴"，引进有毒的工业换取外汇，更因为第三世界的民众缺乏自信与警觉，对西方的文明不加选择，不经思考地模仿、吸收。

台湾的母亲不喂奶，损失的母奶量等于三万二千头乳牛的产量，更别提多少辛苦赚来的金钱拿去买外国的奶粉。更别提我们整个民族幼苗靠奶粉长大换来次等的健康。

药品的毒害与工业的污染让那些大男人去操心吧（反正咱们政府的高级主管，不论在"卫生署"或"环保局"，大多是男人）。我们这些会怀孕生孩子买尿片的小女人可不能毫无责任。没有任何奶粉比得上母奶的营养，没有任何奶瓶能给予母亲和婴儿那种肌肤相亲的满足感；母亲柔软的乳房更不是冷硬的塑胶瓶可以取代的。先进国的奶粉企业或许要你做一个美丽优雅的母亲，拿着一个美丽优雅的奶瓶，喂你美丽优雅的婴儿；有觉醒的你却应该排除万难，努力做一个真实的"哺乳动物"。

　　但愿那"一瞑大一寸"的，不是我们的乳房，而是我们甜甜蜜蜜带着乳香的婴儿。

遮羞费

哎呀！胡小姐。怎么这么久没来？坐这边坐这边。你看，头发都分叉了，早就该修了。不要动；有没有带润丝精来？

今天只有我一个人，秀花请假——你没有看昨天的报纸？太忙？你们做老师的还会太忙！又有寒假，又有暑假，又有周末，哪里像我们，从早上八点站到半夜，有些太太就是喜欢三更半夜来做头发，你就不知道！而且越晚来的越爱讲话聊天，把我累得半死。早知道，小时候就多读一点书，不过，我一看书就爱困……

秀花闹新闻了，所以今天我一个人做。你应该去找昨天的报纸，哇，好大的标题，第几版我不知道，说什么"医生甜言蜜语，发姐被骗失身"，还说什么"一失足成千古恨"，可以作为少女榜样，不对，不是"榜样"。那两个字我不会念啦！什么？英剑？作为少女英剑？大概是吧！你把头偏过来一点，啧啧，尾巴都焦掉了！

秀花跟她阿爹和那个医生今天到派出所去谈判遮羞费，好像秀花要三万块，那个坏查玻只肯给五千，他一直说是秀花自己爱跟他磨灰，害秀花她老爸一直追打秀花，还一面大叫："打死你这个没见笑的查某嬰哪……"

实在很趣味。阿那个医生你也见过，就在这里嘛！一个油油的大包头，老是要秀花给他按摩肩膀，说秀花长得像崔苔菁，对啦对啦，就是那个裤子穿得很紧的。他不是阿花的男朋友啦！不过，因为他是医生，秀花对他特别另眼相看。每次都给他抹最好的油，而且抹得特别多，一面抹还一面笑，还对着他耳朵说悄悄话。有一次被头家娘睹到，把她骂一顿。我早就知道一定会出事情。这个二十岁的阿花哦，你别看她眼睛大大，古锥古锥的样子，才不简单哩！

她常常跟对面机车店的修理师傅到美美冰果店去看那种电影——你听懂吗？对啦，"那种"电影啦！真恶心！阿她回来就讲给我听，一点都不漏，我都不爱听。我们困在楼上小房间，三个榻榻米大。很多蚊子，没有蚊帐都不能困，挂了蚊帐又热得流汗。你看，我的脚像红豆冰一样，都是蚊子咬的。秀花就很奇怪，她的皮肤特别光滑，实在让我嫉妒——啊，刚刚说到哪里？

对啦！秀花很爱讲"那种"事啦！阿我都不好意思听。很恶心！后来她就没有回来困，一打烊就溜了。我起先还以为她跟机车师傅去看电影，原来——哈！阿肥肥的医生娘突然跑到我们店里来找秀花，找不到就破口大骂。有钱人就是有钱人，哇，她满嘴都是金灿灿的假牙！也难怪，她头家是牙医嘛！胡小姐，你的牙齿好不好？

秀花跑到派出所去告油头医生，说他骗她。说他发誓要跟太太离婚，再娶秀花。现在东窗事发，医生娘要全家搬到罗东去，躲开这个狐狸精。秀花气得要死，说不甘心，白白给他困。查玻郎实在太没良心，专门欺骗女人的感情，还有身体。我读过一本小说，名字就叫《负心的人》——这样愈讲愈远；胡小姐，你读书比较多，你觉得怎么样？

嘎？男女相悦两厢情愿，不应该要遮羞费？可是，可是秀花是查某呀，查玻郎不骗她，她怎么会"失身"？当然是骗的嘛！

女人也可以享受性爱，不见得是被"骗"——胡小姐，免讲了，不好意思啦！那个字我都不敢说，你真开放。可是秀花是被骗的啦，因为她是女的。

秀花是个成熟的女人，要为自己所下的决定与行为负责——我听没懂。秀花成熟不成熟，我嗯宰样。她失去少女的贞操该怎么办？啊，你这样讲不对啦！你说男人也可以有贞操；跟女的一样？哦，所以男的也可以跟女的要"遮羞费"？因为男女平等？男的喜欢"那个"，女的也喜欢"那个"，所以没有谁骗谁？

你这种说法惊死人，我从来没听过。只有查某要遮羞费，哪里有查玻要遮羞费的，颠倒笑死人。

再讲一遍，讲慢一点，我听没懂——女人如果要遮羞费，就等于把自己当作展示台上的"贞操玩偶"，被男人扭坏了，就要他赔偿，而不是把自己当作一个懂得享受性爱、有能力作决定、有勇气负担后果的个人——我听不懂。不过，没要紧，现在报纸都说油头医生是"大骗子"、"采花贼"，对秀花很有利。大家都同情她。昨天派出所的"巡佐"还来看她，要她以后注意，不要被男人骗了。

阿我绝对不让查玻碰我一点点。一定要先公证结婚，有凭有证，才跟他一手交证，一手交"货"。像秀花多凄惨，大家都知道她"失身"了，还有谁要娶她？不过，三万块的遮羞费拿到，她可以另外找头路，也不错！我要做多久才能赚三万？

　　要不要喷胶水？

台语不是粗鄙的语言

胡小姐玉鉴：

　　您好！

　　读您刊登于《中国时报》副刊的大作《遮羞费》之后，有一点小小的意见，想与您沟通。

　　大作的主旨，鄙人没有什么意见。大作为求生动，用许多台语来描写。不了解台语的人，往往以为台语是有语无文或是鄙陋的方言，事实是这样吗？大作里的"查某"应为"诸母"，"查玻"应为"诸父"，"嗯宰样"应为"不知也"，对台语不了解，随便写个音近似的字来填充，势必对台语造成极大的伤害。又《遮羞费》的情节，可发生于任何一地方，您用台语来描述，不无侮辱台人之嫌。顺颂

　　玉安

女教授的耳环

美驻奥地利大使是个妩媚而年轻的女性，在任何外交宴会场合，都是引人注目欣赏的焦点，连南茜·里根在场都遮不住她的风头。

好吧！最近在维也纳发生了两件事，使得这位美丽大使不得不辞职。首先，她离婚了。奥国人一笑置之，美国人却觉得脸上挂不住：堂堂上国大使，怎么可以离婚？尤其转身又嫁了别人。第二个原因，则是她让南茜逮到了机会。你看过南茜一向的打扮吧？衣领高高的，务必把脖子都遮起来。这位年轻的驻奥大使偏偏喜欢穿低胸的晚礼服，南茜说她有失身份，跟丈夫耳语那么一句，美丽大使就丢官了。

我知道你在想什么：对呀！堂堂大使怎么可以离婚再嫁？对呀！堂堂大使怎么可以穿低胸的衣服？你如果是个不开窍的老男人，说不定你正在想：看吧！不听老人言！这么重要的外交任务怎么可以交给女人去做——尤其是年轻美丽的女人呢？

我知道你会这么想，因为台湾这么想的人真是太多了。最近胡美丽一位同事——一个脸上没疤没疤的年轻女教授——上了电视，对记者谈电脑中文化的问题。好啦！观众的反应传了过来：当教授的怎么可以戴那么花哨的耳环？当教授的怎么可以画眼圈还涂了胭脂？当教授的怎么可以流露出"女人"的样子来？

再给你一个例子。几年前有几位先生女士在讨论中小学课本应该收入什么样的文章。"之乎也者"的都收完了之后，有人建议也采用一位现代女作家的小品。当场就有男士发出反对的声音：作者是个女的；哪一天她发生了什么桃色事件，我们对纯洁的学子怎么交代？

怎么，这些论调你都觉得合情合理吧？胡美丽只有一句话：狗屁！

从头说起。当大使的人为什么没有离婚的权利？大使也是有感情有伤痛的"人"，是人就有追求幸福的权利。她如果不幸有一个痛苦的婚姻，难道就因为她凑巧有一个道貌岸然的工作，她就必须强颜欢笑痛苦下去？只要她工作胜任，不受私人生活影响，她离婚不离婚与她的大使身份是两码子事。美国人大惊小怪正表现出清教徒虚伪的道德观。

至于南茜看不惯女大使穿低胸礼服，我看恐怕是瘦巴巴的南茜嫉妒所致（你看吧！我喜欢民主社会，因为对总统夫人说这样的话也不会被当作政治犯）。女大使同时是个女人。她若觉得低胸的礼服最能表现出她的个性与魅力，凭什么不准穿？年轻的女教授觉得一对耳环、一点脂粉，能衬托出她的容貌与气质，谁可以剥夺她

"美丽的权利"？

而居然有人说，女人不能担正经事，因为她有闹桃色新闻的潜能！胡美丽到目前为止还没有闹过桃色新闻，但就我粗浅的了解，闹桃色新闻好像非有两个人才闹得起来，不是吗？而且在"正常"情况下，有个女的，对方就必须是个"男"的，不是吗？那么，在考虑一个男的人选来任"大事"的时候，岂不也该先问：他是不是有闹桃色新闻的可能？

其实，在我们的社会里，凶杀案也大多是男性干的，那么我们在聘选大学校长的时候，譬如说，面对一个男候选人，就应该先考虑：第一。他会不会跟女人"乱来"？第二，他有没有闹凶杀案的可能？第三……？这样推理，还不如将"大事"交给女人担负要简单多了。

让我们把女教授、女主委、女市长、女主任、女经理等等等都暂时归为一类，称"女强人"好了（我不能用"女部长"或"女大学校长"来举例，因为台湾没有，恐怕要等到下一个世纪才会有）。你去读读坊间女性的杂志或书籍，每一本都明明白白地告诉你：在这个时代、这个社会，做个"女强人"和男人竞争不容易。所以你在办公的场合一定要服装朴素简单，发型保守规矩，举止庄重大方，言谈严肃正经。换句话说，任何一点能泄露你是个"女人"的蛛丝马迹都要隐藏起来。你也许喜欢柔软绣花的布料，你也许是个眼神妩媚的女人，你也许爱用迪奥的茉莉香水，你也许有一头冲浪似的乌发——全部藏起来。在公事场合，你要让男人忘记你是个女人，你要让他觉得你根本就和他一样，是个男人；这样，你才可能做个与男人平等的"女强人"！

就是有这种风行的论调，才会使一般人对个女教授戴耳环、搽脂粉，都皱起眉头，觉得有失身份。

可是，这种男女平等是真平等吗？为了与男性竞争，而要女性"中性化"或男性化，磨掉属于女性的特质，就好像为了与西方人竞争，而要中国人"洋化"，磨掉属于中国人的特质一样。中国人要与西方人争平等，就不可以西方的标准为标准；金发隆鼻的西方人必须学会欣赏黄皮肤塌鼻子的中国人。同样的，真正的男女平等，不在于女人模仿男人，而在于让男人学会尊重女性的特质。

举个例子。面对一个刻板而精明的"女强人"，男人觉得"她跟我一样"而尊重她，这是假平等，因为他的价值观还是以男性的价值观为基础。反过来，面对一个精明能干却又充满女性魅力的对手，男人觉得"她实在跟我不一样"而仍旧尊重她的能力，这才是真平等，因为他了解女人有权利与男人"不一样"而依旧可以公平竞争。而女人自己如果以为"平等"就是跟男人一样，跟男人一样才是"女强人"，那可真是糟蹋自己了，太不争气。

我瞧不起外貌娇媚诱人而脑子里一团糨糊的小女生，但是我也不喜欢聪明干练而外表举止故作男人状的"女强人"。胡美丽虽然容貌丑陋而且脑子里也有不少糨糊，却深深觉得，真正的现代女性应该是一个有思想、有能力，却又不怕有女性魅力的人。给那些女大使、女教授、女强人戴耳环、施脂粉、穿低胸礼服的权利吧！

男大使的开裆裤

拜读胡美丽先生的大作《女教授的耳环》一文，让我大笑不已！胡先生自称自己容貌丑陋而且脑子里也有不少糨糊，这点我倒是真的同意，理由如下：中国有句俗话：丑人"多"作怪！看官，我说的是"多"喔！当然还是有"少"部分丑人是很洁身自爱的啦（否则我岂不成了丑人众矢之的）！而胡先生是不是真的丑呢？可惜未曾谋面，故不便骤然决定。但看其文章如此泼辣，倒也叫人不敢领教。至于说其脑子里有不少糨糊，这倒也是事实！容我慢慢道来。

胡先生说美国驻奥地利女大使，因离婚且很快转身又嫁了别人，令美国人脸上无光，而这位女大使偏又喜欢穿低胸的晚礼服穿梭外交宴会场合中，因此引起美国第一夫人南茜的嫉妒而丢了大使职务，胡先生为此大表不平。我倒庆幸，思想新潮如美国也有和台湾情况相同的地方，可见"道德"在地球上任何角落都是一样的。

胡先生为此"合情合理"的事，气急败坏地丢下一句"狗屎"，我看了更是哈哈大笑，因为我很同情胡先生。有句话说："上帝要毁灭一个人，必先使其疯狂！"我看胡先生是被逼急了才如此疯狂，才会丢下这么一句话：狗屎。看官不觉得应该同情吗？

　　也许胡先生又要疯狂地大嚷表示不服气，那么让我告诉你吧！假设英国驻美大使是个男的，而他也有很正当的理由跟他太太离婚（例如她太胖又矮带不出场），随后又再娶，而这位大使先生偏偏又有在公开场合穿着开裆裤的习惯。你说撒切尔先生该不该在铁娘子的面前耳语一番，然后让这位"绅士"大使丢官呢！如果这件事假定是事实，那么我相信，普天下的男人不会责怪撒切尔先生是在嫉妒那位大使的阳具！（对不起！我相信胡先生不会介意这些粗鲁的活吧？！）

　　我们再谈女教授的耳环吧！是谁说女教授不可以流露出"女人"的样子的？假如世界没有女人，我倒宁愿自杀呢！我一向很赞成女士戴耳环及化妆，但一定要配合自己的外形及内在的身份。只要搭配调和，看起来就是美，否则就不美，且令人作呕！

　　我不知道胡先生对"女人的样子"如何下定义？而且"女人"也有很多种，烟花女是女人，淑女贵妇也是女人，巾帼英雄是女人，贤妻良母也是女人。胡先生并没有明确地表示那位女教授应该当哪种"女人"，不过我倒认为，如果把那位女教授装扮成"烟花女"，着实是不调和了点，不知胡先生认为如何？这样吧！再举个例子：如果一位男教授留着嬉皮式的披头，嘴里嚼着槟榔，满口"干你娘"，我保证这位教授明日一定上报！因为这样的"男人"确实也不符合他的身份。说了这些，我不知道胡先生是否明了"男女都一样"这一道理没有？希望胡先生脑子里的糨糊不会太多才好！

至于将现代女作家的小品收入中小学课本，而有男士发出反对声音，且那位男士反对理由是："哪一天她发生了什么桃色事件，我们对纯洁的学子怎么交代？"我不知道是哪位狗屁男士讲的话，太丢男士的脸了！这位男士如此的论调确实不"合情合理"！胡先生！这件事你确实有资格向"这位男士"（不是全体男士）丢下一句：狗屎！

我还算是一位很开通的男人吧！

不过后面几个论点我就不赞同了！你很委屈地说："在这个时代、这个社会，做个'女强人'和男人竞争不容易，所以你在办公的场合一定要服装朴素简单，发型保守规矩，举止庄重大方、言谈严肃正经！换句话说，任何一点能泄露你是个'女人'的蛛丝马迹都要隐藏起来。"在此，我也要很"委屈"地向你说：在这个时代、这个社会、做个"男强人"（对不起！男人不会用这种自夸的字眼，这只是便于让你明了而已）也不容易。在办公的场合也要遵守以上的规矩，男人粗鲁的特性也必须隐藏起来，否则就不像个男教授、男主委、男市长及男主任、男经理了。你看过上列这些"男强人"在公事场合打着赤膊、穿着内裤靠在背椅上，吹电扇、喝茶、看报吗？你又看过这些"男强人"发挥"男人"特质，见了人就打，嘴里说着三字经吗？在公事场合，"女强人"确实必须让男人忘记她是个"女人"，但不必要让男人觉得"她"是个"男人"！同理，我相信"男强人"在公事场合也不会去分"男人"、"女人"，因为他只对"公事"而不对"私人"。这点倒是女士们应该学习的。

再谈"男女平等"这问题吧！胡先生认为真正的男女平等，不在于女人模仿男人，而在于让男人学会尊重女性的特质，并以中西方国情的不同，"中国人要与西方人争平等，就不可以以西方的标准为标准"来支持自己这项说法。这点我倒是同意的！记得每当电视有"女权运动"、"男女平等"的画面出现时！父亲总会捉弄妹妹说："你再说！你再说我就把你抓去当兵！"弄得全家哈哈大笑！我们看到现行征兵制有"役男"而没有"役女"，不正是男人尊重女性特质的最好说明吗？

再说，并非每一位女人的"女性特质"都是一致的，例如：有的适合当总理、首相、市长、民政课长、馆长、董事长，但有的就不适合。由于前者的特质适合这些职务，所以世界潮流及社会观念便给予认同，众人也并没有因为她们是"女人"而排斥她们！再说！饭店大厨师、理发店的师傅，哪个不是男人的"天下"，而最近某医学院招收男性护士生，请问如此一来，男人是不是也要因此而大吵大闹地说："这些工作不适合'男性的特质'"呢？不会！因为男人了解，每个男人的特质也不尽完全相同！

我们"宪法规定"男女在法律上一律平等。故只要你能称职，相信没有人会投以异样眼光的！当然仍有少数不肖的男士不能洁身自爱，但我希望那些女权运动者在批判事情时，不要把"所有男人"都否决掉，最好将元凶揪出来痛斥一番，才是明智之举，才是讲到问题的重心。因为任何一个团体都有不肖之徒，女人中也有不肖者，即令政府官员也有不肖者，你说不是吗？

我很高兴胡先生能很清楚地了解，男女之间会因生理或环境等主客观因素的不同，而显示出不同的特质，这点我深为胡先生庆幸！毕竟胡先生脑袋没有"短路"。

胡先生又说："我瞧不起外貌娇媚诱人而脑子里一团糨糊的小女生。"说实在的！每个人都有"瞧不起……"的权利，不过！我觉得这世界除了白痴或疯子外，我实在找不到有什么方法可区分聪明与愚笨。你不觉得真正愚笨的人，就是那些自认聪明的人吗！外表"娇媚诱人"也有错？这是我第一次听到，真不可思议！知道吗？聪明如我，也曾为一位"娇媚诱人"的小女生神魂颠倒了十六年，而至今仍受其影响呢！不过这是家务事，不便多谈。

最后我想对美国人因美驻奥地利女大使的行为表现大惊小怪，而胡先生认为是"表现出清教徒虚伪的道德观"作一批判。我个人认为如果你把"道德"看成是一种形式，我绝不会反对；倘若你把这一"形式"看成是"虚伪"，那我就不能苟同。"道德"确实是一种形式，且是人类透过这种形式将它作为依循的准绳，然后显现出一种秩序的现象。如果以此观之，那么"道德"实在没有"虚伪不虚伪"的问题存在。

祭祀祖先这一行为够"虚伪"了吧！人都死了，而且你也不知他长得什么模样，干吗要祭祀他，而且平时不怀念他，到了七月节、春节才想到要祭祀他。真虚伪！而且还套个伦理道德、慎终追远的名目。的确，这些人真虚伪！但我要说：那些连七月节、春节都不祭祀祖先的人更不可原谅，因为这些人连该怀念、该尊敬祖先的日子都不愿透过"形式"去怀念、去尊敬，那么又怎能奢求这些人平时也会去怀念祖先、尊敬祖先呢！这种"心中无根"的人能够原谅吗！

走笔至此！容我模仿胡先生文中一段话："给那些女大使、女教授、女强人戴（花哨）耳环、（画眼圈）施脂粉、穿低胸礼服的权利吧！"我要说："给那些男大使、男教授、男强人穿开裆裤、留披头、嚼槟榔的权利吧！"（虽然这些男士不至于如此无知）。

那个有什么不好？

——给贾正经老师

社会版的新闻有时候很荒唐，譬如下面这一则，美丽就觉得记者很有"捏造"的嫌疑：

郭××，于某日至北市长庚医院看病时，得识一张姓女子，在与张女闲谈时得知目前就读于某专科学校二年级的李姓少女，及李女男友的名字。

本月12日晚，郭××自称为陈文骅，系"救国团"之社工员，打电话给李女称：已掌握李女交男友及校外活动之资料，将报知该校，以此要挟李女外出与他见面。

李女与郭嫌见面后，郭嫌即指称李女脸色不好，有性病需要医治，李女信以为真，乃向两位同学借得三千五百元交给郭某带她看病，然而郭某并未带她至医院，反而先带她到"毛毛咖啡厅"，拿了一份悔过书，要李女照抄后，再将李女带至"宝巧"宾馆内以替李女检查性病为由，吸取李女下体之分泌物。

警方昨日曾至郭嫌家中搜索，查出多件大专女学生之证件，及通讯名册，怀疑皆系被害人。

你相不相信台湾还有这种大专女生？哈，你说相信！好吧！想想胡美丽自己长到二十几岁还不知道男人跟女人怎么样一起生孩子（有一天，她在俄亥俄州立大学的图书馆里，偶然翻到一本《中国历代春画》，大惊失色，"唉呀，原来中国的古人也会那个，不是西风东渐哪！"她才顿然了悟中国人口怎么会这么多）。咱们就暂且假定记者报道的是真的，来推敲推敲。

首先，郭××这个采花盗为什么会动念伪装"救国团"的人呢？他也可以说他是麻豆或任何地方消防队的队员呀！问题是，他若自称消防队员，这个大专女生很可能说："去你的大头鬼！"可是一听是"救国团"，李女就接受要挟。美丽奇怪的是：为什么郭××算计好它有"胁迫"学生的功效，而为什么又能轻易奏效呢？难道李女以为"救国团"是监督学生行为的"秘密警察"？

更奇怪的，李××之所以接受威胁，是因为郭××说要把她交男朋友的事实及校外活动情况，报告她的学校。她怕了，所以出来和郭××见面。

这究竟是所什么学校，把学生吓得这个样子？在胡美丽来看，一个学生把书读好了，尽可以对学校说："交男朋友关你屁事？我在校外做什么关你屁事？"只要她不偷不抢不杀人灭迹。偷了抢了杀人灭迹了都还有司法机关来管，关学校屁事？学校应该教她的是如何培养出独立自主、发乎内在的道德精神，不是把她当做一个需要监视防范的罪犯。苦啊，这个女学生显然觉得：与其让学校知道了她的个人生活，不如屈服于一个陌生人的要挟；前者似乎比后者还要可怕。

啧啧，这样的"教育"机构美丽也怕。

啧啧，惊人的事情还在后头呢！这个大专女生，听郭××说她有性病，就认为自己有性病。小时候，美丽的妈妈常常骂她："叫你去死，你就去死吗？"李××就让郭××带到"毛毛咖啡屋"，到宾馆，再来，就别提了。色情的部分让记者去写，胡美丽关心的是这个笨得教人头痛的女生。

她为什么那么轻易地受骗？嘿，别搞错了，并不是凡是女的跟男的去那个，就是女的"受骗"。人家若是心甘情愿地，快快乐乐地去那个，那是人家自己的事，谁也管不着，谁也不骗谁。可是，如果有一方是在本身"无知"的情况下受到玩弄，那就是骗。郭××的骗词荒谬到极点，却能得逞，表示女学生的无知也严重到极点——她对生理常识一无所知，她不敢自己上医院检查治疗，她对自己作为一个"人"的尊严与权益也毫无认识，对"救国团"、学校、一个陌生的坏人，不具一丝抵抗能力。这样的查某是怎么教出来的？

应该倒过来回答：就是因为没有教，才教出这样的女生。美丽自己上初中时，生理卫生老师碰到讲男女身体结构的那一章，面红耳赤作娇羞状地说："自己回去看！"过了二十年，美丽问妙龄的侄女："你们老师教不教？如何教？"侄女说："啊，我们老师面红耳赤作娇羞状说：'自己回去看！'"侄女轻蔑地说："有什么好看！

人家男生都去看录影带了。"

学校不教，那当然只好去看录影带。老天哪，你到底有没有看过录影带？日本制的带子里特别多强暴的镜头，闯进门来的强盗一把抓起良家妇女的头发，噼啪几个耳光；越是粗暴凶狠，良家妇女就越神魂颠倒。美国的影片特别多道具，手铐足镣，美丽瞠目结舌，看都看不懂，只知道有人被皮鞭抽得皮绽血流，还有一个女人把一片精赤的剃刀放在……

从这种录影带来获取性知识，真教人不寒而栗。学校里道貌岸然的教育家、面红耳赤作娇羞状的老师，有没有想过"学校不教、自己去看"的可怖后果？美丽实在搞不懂"性"这回事为什么在中国人的社会里竟是那么见不得人的东西。哪一个人不是"性"的证据呢？你看着贾正经站在那儿，就知道有一个晚上，有一个男人、有一个女人，做了那么一件事，不然贾正经打哪儿来的？怎么命名为"正经"之后，就假装没"那回事"呢？到底"性"有什么不能说的？

父母不教、学校不教，所以男生就去看录影带，结果就产生郭××这种变态的男人。父母不教、学校不教，女生又不敢看录影带，结果就产生李××这种无知的女孩。哈，郭××碰到李××，只是迟早的事。说来像笑话，但是李××身心的伤害可想而知。办教育的、编教科书的、教生理的"贾正经"老师，真认为自己没有责任吗？啧啧，美丽觉得这姓贾的该有人给他狠狠当头一棒呢！

贾老师不仅应该讲解生理知识——妹妹和弟弟有什么不同，除了头发长短之外，还应该不避讳地、自然地解释性的知识——妹妹和弟弟长大了之后，可以做什么，换句话说，贾正经是怎么出世的。且慢，还没完呢，性知识也不能少了，"补遗篇"：未婚的妹妹肚子大了怎么处理？还有，怎么样才能避免肚子大？嗨，你以为美丽在鼓励青年男女"乱来"是吗？不是的，但你想想，如果不管教不教避孕常识，妹妹还是会去那个的话，"懂"比"不懂"好，不是吗？

生理常识、性知识之外，贾老师也应该传导健康的性观念（只是不知道贾老师自己的观念是否健康）。一味地"禁"，没用啦！上帝不也跟亚当夏娃说过"禁"，你看后果如何。越禁越刺激，越想偷偷去做，这一"偷偷"，就好像见不到阳光、大石头压着的一片阴湿土壤，什么臭虫都会长出来。性病啦、怀孕啦、堕胎啦，在无知中造成，心里怕怕又不敢就医，糊里糊涂秘密解决，唉呀，把命都解决掉了。

贾老师如果认为青年少女不可以"乱来"，就应该让他们清清楚楚地知道自己的行为会造成什么后果，让弟弟跟妹妹在"知"的情况下，自己去做决定。他愿意"冰清玉洁"也好，省掉一些麻烦；他不愿意"冰清玉洁"，好嘛，至少贾正经老师教过他，他懂得如何保持身体的健康，保持心理的健康；他知道他在搞什么玩意儿，也知道如何收拾这玩意儿。

你如果跳脚说："怎么可以让年轻人知道这么多？那他们都去那个了。"我说你头脑不清楚。都去"那个"了又怎样？他们不是迟早都要"那个"吗？让他们一知半解地、偷偷摸摸地、糊里糊涂地去那个，才是最不可容忍的事。我是说，你如果真有爱心的话。

胡美丽最讨厌的就是我们社会最爱大量制造的"纯洁"少女、"纯洁"女大学生。"纯洁"是什么意思？看看电视连续剧就知道，睁着一对美丽的大眼睛，掉几滴纯情的眼泪，对性，必须绝对一无所知（当然，知道性，就肮脏了，不纯洁了）。她以为今天接个吻明天就会生个孩子。她越无知，表示她越纯洁；越纯洁，我们的社会就越喜欢，等到有一天"纯洁"少女挺着大肚子回家来，说："奇怪呀，我们其实并没有接吻哩！"贾正经老爸爸才呼天抢地。

尤其是大学女生，应该鄙视社会所制造的"纯洁玉女"形象。大学教育，在培养一个能做复杂思考的人，一个生活常识丰富的人，一个有成熟的道德观、能独立做判断的人，一个完全为自己行为负责的人——这跟我见犹怜、越笨越美的"纯洁玉女"简直是背道而驰。可是有许多大学女生似乎觉得那些大学的期许都是针对国家未来栋材——男生——而言，女生还是应该"纯洁"可爱的，这样男生比较喜欢。

贾正经老师、贾正经先生、贾正经太太，仍旧同心协心地在教育我们的女儿，把她教成一个什么"那个"都不知道的"纯洁"少女。啧啧，等着看吧，郭××和李××的社会新闻还多着呢！

不像个女人

有个气宇轩昂的男人每次见到我都会说："胡美丽，我不喜欢你。"

"为什么？"

"你不像个女人！"

什么叫做"像个女人"呢？女人"应该"是什么样子的？

看过电视连续剧或是爱情小说的人都会知道女人必备的几个特质：首先，她必须是被动的。她若看上了张家的大牛，她可以哪天不经心地在他面前掉下一条香喷喷的手帕，引诱大牛来追求，但是绝对不可以主动。

"像个女人"的第二个要件是害羞。她想张嘴大笑的时候，不可以忘记用手把口遮住，要吃吃地笑。男人说了俏皮话时，她要低下头来，脸上一朵红云，似笑非笑。

第三个要件，"女人"必须多愁善感、优柔寡断。譬如看《花蕊恋春风》这一类的电影时，在黑暗中，可爱的女人就该掏条手绢抽抽搭搭泣不成声。但是在决定要看哪一部片子之前，她就得翻来覆去的，不晓得那个下午该怎么打发，决定改了又改。

但是，"像个女人"最重要的条件还在于她比男性要来得"柔弱"。身体上，一定要小一号。太太不能比丈夫高，连平头都会使她失去女人味。在个性上，要比丈夫温柔一点——"男人嘛！总是得让他一点！"在学历上，女人应该比男人稍低点，高中毕业的可以嫁大学生，大学毕业的可以找个硕士，有硕士学位的可以嫁个博士；至于女博士嘛，天啊，就没人要了。她或许有一点小聪明，但她适合管理琐碎的事：为孩子换换尿布或是为总经理换杯咖啡等等，不需要太强的解析力与逻辑头脑。

这个雄赳赳、气昂昂的朋友不喜欢胡美丽是不难理解的。胡小姐不被动。她看上张家大牛的时候，没有抛下手帕，倒是挂了通电话到张家去问张大牛愿不愿意陪她去看场电影；第一个张大牛被吓跑了，第二个张大牛娶了她。美丽也不怎么会害羞的艺术。她有一口烂牙齿，很不美观，但她笑起来还是张牙舞爪的，前仰后合。偶尔有人用深沉迷人的声音对她说"你真美丽"的时候，她也不低下头来让长发遮住半边脸，只是直直地望着人家说："是化妆品。"

很糟糕的，美丽也不怎么善感，而且明快利落得令人害怕。银幕上，被男主角打了一个耳光的女主角正哀恸欲绝地哭泣，她坐在黑暗中对大牛说："用右手打的耳光，怎么她在抚右颊？错边了。"在厨房砧板上切鸭子的时候，她手里一把菜刀，一起一落之间，鸭子的头、颈、翅膀就段落分明，一点不含糊；人生的决定就像剁鸭子一样。

最教人难以接受的，恐怕还是胡美丽所缺少的女性的柔弱。首先，她健康极了，大热天去游泳爬山，又从不用遮阳伞，皮肤晒得又黑又结实。她跟大牛一般高，却又不忌讳穿高跟鞋。在温柔的程度上，她也并不比大牛好：她为大牛洗衣服的时候，大牛就得在厨房里洗碗。至于学历嘛，更糟了，大牛是个博士，美丽也是个博士。左看右看，美丽怎么看也并不比大牛"柔弱"。

胡美丽这种"不像女人"的女人很反常是吧？！告诉你，生物界里不男不女的还不只她呢！

你若看见一只比较瘦小、安静，比较"乖"的鸟耐心地守着巢里的蛋，一只比较壮硕、凶悍的鸟在巢外觅食，或与别的鸟打架、性交，你一定会说："那只母的在顾家，公的在乱来！"

这一回就错了！这种鸟叫水雉（Jacana）。那只顾家的是公鸟，正在"乱来"的是母水雉。丈夫乖乖在巢里管蛋的时候，她可是雄赳赳气昂昂地来去其他公鸟之间到处做爱，偶尔还把别的"女人"的蛋踩破，逼使别的"男人"也来照顾自家的蛋。

至于被动与害羞，有一种母鲈鱼（shiner perch）可根本不知道她的行为举止像不像个"母"鱼。她的性欲特别强，来者不拒。甚至于在不能排卵的时候，她也尽情地引诱公鱼，把精子储存在体内将来再用。另外有些鱼类，根本雌雄难辨，她可以排过卵之后，一转身变成公的，开始射精。更不"道德"的是一种学名为 crepidula fornicata 的螺。一打以上的螺，一个叠上一个地群居，趴在底下的一个就是母的，但是当一个公螺的背上压了另外一只，那么这只公螺立刻就变成"母"的，也就是说，性别完全由位置来决定。（取材自 1985 年 6 月号 Natural History。）

你说，这种"低等"动物怎么拿来与人比？人的性别清清楚楚，女人天生就柔弱、被动、害羞、琐碎——"男女有别"，天经地义！

这个"天经地义"的想法其实很有问题。女人的"女人样子"是"天生"的，还是后天塑造的？试着回想一下你是怎么带大毛毛与妞妞的。毛毛摔了一跤刚要张嘴大哭，你说："男孩子，跌倒自己起来，不准哭！"妞妞摔了一跤，哭哭啼啼的，你却嗯嗯哈哈又搂又抱又吻。过生日，送给毛毛一挺机关枪，让他在房里闹翻天，给妞妞一个穿了白纱裙的洋娃娃，坐在角落里静静地玩。妞妞如果发了蛮，硬要用洋娃娃去换机关枪，你会说："女孩子怎么可以玩那个！"长大一点，毛毛如果刚巧是个一棍子打不出一句话来、见人就想躲的男生，你就很恼怒，说："一点没有男孩子样，没出息！"妞妞如果见人就脸红，你就很高兴："咱们家丫头别的优点没有，就是很乖、很文静。"相反的，妞妞若是个奔放而刚强的个性，你就会在后面不断地耳提面命："女孩子坐有坐相，站有站相。要善体人意、观人眼色。要温柔体贴、要忍让、要顺从……"再加上一句恐吓："不然你会嫁不出去，嫁出去了公婆也不会喜欢你。"

从孩子零岁到成长这二十年之间，你不断地在做这"男女有别"的洗脑功夫，处心积虑地——用惩罚或奖励、规劝或责骂、赞美或恐吓等各种各式的手段——把孩子纳入男是男、女是女的框子里去。而后，你很理直气壮地对我大声说：是啊！男女"天生"有别：男人主动、刚强、果决；女人被动、害羞、柔弱。这是天经地义的区别！

这种男女之别到底是你造的还是天地造的？你诚实地说说看，别骗人了。

固定地要求女人有"女人样"、男人有"男人样"，其实是极端违反自然的。有的男人秉性倾向于被动与柔弱多感，但是为了符合社会所要求的"像个男人"，他或者把真实的自我藏起来，或者，就根本扭曲了本来的性情，反而造成心理上的纠结。许多女人，主动、开朗、勇敢而果断，却也为了投合社会所要求的"像个女人"，不得不压制本性的发展，而做出一个让人接受的假象来。结果当然是个恶性循环，使男人更相信"男女有别"的神话。

把女人的形象定出一个模子来（被动、柔弱……），然后要所有的女性都去迎合这"一个"模子，对整个人类社会而言是个极大的损失，因为在智性的追求上，若把女性除外，就只有一半的人口（男性）在努力；加上了女性的角逐，等于发展了一倍的人力。人类的智力有限，模子大概是免不了的。但是至少，不要让我们自限于一个模子。温柔驯服、爱脸红的女人固然可爱，奔放热情、明快果断的女人不见得就不能爱；有超人的智力、能力与雄（雌）才大略的女人我们更可以学着去爱、去接受。

所以不要只鼓励你的毛毛"要做王赣骏"，更不要只教你的妞妞去做个"乖女孩"；如果你的妞妞真有那个本质，大胆地要她去学撒切尔夫人吧！你为中国造就出一个领袖来也不一定，可就别硬把她往"像个女人"的框框里塞，平白糟蹋了人才。你要有勇气说：呸！不像个女人又怎么样？

拒做哭泣的 "愚女"

胡女士：

您好！我是一个大学二年级的女生，拜读您在《中国时报》上发表的文章，总觉得您一言一语都切中时弊，似乎句句搔到痒处，说中了今日女性心中的问题。我虽只是许多仰慕您的读者中微不足道的一个，但我觉得能向您倾吐心中的敬爱未尝不是一件荣幸的事！

我就读的科系是个非常阳盛阴衰的系，由于学的是工，所以课程上有许多几乎全世界都认为不适合女生学习的科目，像工厂实习中的钳工啦、焊工啦等等。由于系上女孩子稀少，从好的方面说，师长、同学对我们就比较照顾，这"照顾"指的是生活上的问题，如有麻烦，他们是颇为乐意效劳的，比如说系馆太偏远，他们有时会自愿以脚踏车载我们一程，班上粗重些的工作他们会自愿让我们在旁边休息由他们来做。

在"口头"上，他们也时常给我们"安慰"："这女孩子不用做，做不来的！""哎呀！女孩子没有关系的，老师一定会特别照顾，分数会高一点的！""女孩子吃香喔！说话老师一定会听的！"……诸如此类。不过据我所知，老师们是不太可能在分数上有双重标准的，尤其是在以男性为主的工程界，女性若不是很优秀，是不太容易被接受的。不过同学们的"另眼看待"虽然是"正常"的现象，但有时会令我感到困惑：难道在这方面的能力我们真的比不上他们？难道真有所谓女性"适不适合"的工作分别？

在拜阅了您的数篇大作之后，我曾深有所感：在目前的社会结构与社会伦理之下，女性所扮演角色如果是弱者，会被人讥为跟不上时代的寄生虫；如果是强者，会被人讥为不像女人。而如何在此二者之间调适，乃是每一个女性该探讨的问题。而社会观念的改变更是我们希望发生的。

曾经有人说，过去的女人是比较幸福的，因为她们虽然不能念书，不能出门，但是她们有自己的固定角色，她们维系家庭，是家庭实质上的重心。她们虽然只需管好家务事，管好生育孩子，但这正是整个社会得以安定的力量。她们不用像现在的女性除了家庭外还有事业，两边都是繁重的工作，有些人到头来两边都弄得灰头土脸的，一事无成。

但我认为，今天职业妇女无法兼顾家庭，固然是一大社会问题，开放的教育和观念却是刻不容缓的。因为既然社会认定妇女是家庭的主要人物，就应该知道教育一个男生只是教育一个人，而教育一个女生却是教育一个家庭。旧时妇女知识、教育的缺乏除了使自己在家庭中的地位无法提高，对家庭并没有什么好处，反而阻塞了社会的进步。今天一个开明、有头脑的女主人，却是每一个家庭不可缺少的。

但是在这样一个虽开放却又保守，虽多变却也顽固的社会里，女性究竟应该扮演怎样的角色，究竟该如何自处呢？仍是大家心中的问题。您的学问好、见识广，该能提供我们一个建议吧！虽然个人的力量不太大，但我不愿做"愚女政策"下的牺牲者。社会给了我们教育，我绝不愿做站在路边无能的哭泣者。我想有所为，但不知如何去做，盼胡博士您能指引我们一个方向。

这是我的一点小小的问题，希望您不要说"小儿之见，岂可与高士共语"，不吝提供我们一些宝贵的意见！谢谢您！敬祝

健康快乐！

[回应与挑战]

女人站起来

胡小姐：

你好，几次拜读你的大作之后，忍不住要提笔写信给你，向你致敬，为你喝彩，太好了！终于有人为我们女人站出来说话了，而且说得振振有词、针针见血。我及舍妹都非常爱看你的文章，都觉得与我心有戚戚焉！

不知道你对"女强人"这三个字的看法如何？你认为女强人应该是什么样子的？是像张艾嘉？胡茵梦？或是周游？其实都可以，都是女强人，只要是一个独立自主的女人，只要她活得快乐，做一个属于自我的人，就是我心目中的"女强人"，你认为呢？甚至鱼玄机也可以算上一份。

有句话说：若要找个伴来胼手胝足地奋斗，对男人是一种压力，对女人则是日后的威胁。一个男人在他成功之日，新娘不是糟糠妻，而是另娶一个年轻漂亮的。你说男人是不是很坏，是不是很没有良心，是不是没有一个是好东西？

我才刚和我的男友分手，他从前的海誓山盟说得多好，现在却消失得无影无踪，我怀疑男人可能对一个女人海枯石烂、情永不变吗？不可能！不可能的，女人还是要靠自己。对吗？祝

快乐

你的忠实读者

美丽兔宝宝

上级来视察，台北县警察局摆出开会的阵式来：面目严肃、警服威武的男警察整齐地坐着，穿梭主客之间的女警察，手里提着个大茶壶，忙碌地为男人添茶水。

用女警来提茶壶，招待客人，据说是因为她们"美丽大方"。但照片上看起来，她们也穿着警察制服，并不真正美丽大方。县警察局长若事前设想周到，就应该让这些女警换上兔女郎装；你看过《花花公子》的照片吧？就是紧身露胸的小衣，屁股再缀上一团大绒球，穿上镂空的黑色丝袜与高跟鞋。别忘了，头上还得绑个特大号的花蝴蝶结，和我们幼稚园游艺会上表演"妹妹抱着洋娃娃"和兔子舞的小妹妹一样。这，才是真正的"美丽大方"。严肃威武的上级警官与男警察可以正襟危坐，讨论社会治安大事，兔宝宝似的可爱女警拎着茶壶来来去去，巧笑倩兮，美目盼兮，可以调剂会场气氛。

许多会议场合都可以向警察局的做法学习。开医学年会吗？女医师虽然不多，总还有几位，挑几个"美丽大方"的出来站在会场门口当招待，带领与会者入座贵宾席。选嗓音优美、面貌秀丽的（整形科医师吧？）当司仪。倒茶的最好是体态轻盈的药剂师，分量拿得准些。会开完，要安排余兴节目：美丽大方的复健科女医师可以表演舞蹈，精神科女医师可以表演短剧，小儿科女医师可以表演牙牙学语，喉科女医师，当然要唱歌啦！

那么男医师呢？啊，他们忙着宣读论文、讨论专题、研究医学，累得很。就让他们坐着欣赏女医师的美丽大方罢！他们会鼓掌叫好的。

学校也需要美丽大方的女老师，校长出去开会时，可以招来当随从秘书，帮校长拍掉黑西装上的白头皮屑，倒杯热咖啡，提公事袋，在酒席上妩媚地为他向客人敬酒……督学来访时，美丽的女教师还可以作简报，她清脆如黄莺的声音给人先入为主的好印象。然后她还可以做导游，带领上级官员看看学校附近的名胜古迹，中午到饭店，酒席间虽不必持茶壶奉茶，却可以"压酒唤客尝"。

男老师嘛，因为不美丽不大方，做起这种事来不伦不类，更何况，他们管的是"十年树木，百年树人"的教育大计。

你说，何必这么计较！女警察提个茶壶，女医师唱个歌儿，女教师劝个酒，无伤大雅嘛！他们虽然都是有严肃专业的人才，可是既然身为女人，就无可避免地具有女性的魅力——身材曲线啦、嘴唇光泽啦、臀部摇摆的韵律啦等等。她再有专业，男人还是忍不住希望她提茶壶、唱歌跳兔子舞、劝酒。哎呀，这是男女有别的天性嘛，别小题大做。咱们台湾根本就没有男女不平等的问题！

想来你也是那种爱读社会版新闻的人，这种故事你一定觉得很熟悉：阿土跟大头呆是两名纸厂工人，这半个月来，两个人的眼睛离不开那个新来的女工阿银身上。她其实跟所有人一样，穿着粗糙宽大的蓝布制服，头发包在帽了里，还戴口罩，整个人根本就像一捆会走路的破布团，可是阿土和大头呆觉得她走路的姿态实在美丽大方，"女人"极了。这天下工后，两个人终于邀她到夜市去吃当归面线，阿银不肯去。纠缠半天之后，阿士和大头呆把阿银架到夜晚的竹林里去，强暴了事。

这种新闻每天都有，跟女警察提茶壶有什么关联？太离谱了吧！？

一点都不离谱。两种行为，但是行为背后潜在的心态却其实一模一样。警察局长在一个女警察身上所看到的，不是她的专业训练、她的职业尊严、她的办事能力，而是，她的"美丽大方"，换句话说，她的性别与性别所带来的魅力。弃她的专业不顾，派她当招待，就是忽视她的脑力与能力而利用她的"性"力。阿土与大头呆看到阿银，并不把她看作一个与自己一样的专业同事，马上注意到她的美丽大方，她的性别与这个性别所带来"秀色可餐"的诱惑。强暴她，就是把她当一块肉来看，不是人，更不是个专业的人。

在专业场合中，命令女警执壶、女医师献歌、女教师奉酒，用她们的"美丽大方"为理由，其实就是对她们说：别以为你的专业训练改变了什么，你仍然只是块可餐的秀色！去倒茶吧！

唯一不同的，只不过阿土与大头果真的"餐"将起来，造成暴行犯罪，而那些高级的局长、校长之类只是唱唱"妹妹抱着洋娃娃"。不过，这些曾为自己专业努力过的女警察、女医师、女教师，如果她们自己也心甘情愿地绑上蝴蝶结，穿上兔子装，美丽大方地表演可爱兔宝宝，胡美丽也没话说。

请听听我们的倾诉

——对胡美丽《美丽兔宝宝》一文的抗议

我们是一群女警员，也就是社会大众所经常看到的穿着制服、站在街头指挥交通、协助老弱妇孺以及"国校"学童穿越马路的女警员，同时也是社会大众平时难得看到的身穿便服、皮包里携带着武器、协同男警员在深更半夜冒着生命的危险，到河堤旁、公园里，取缔抽"恋爱税"的流氓；到深街小巷、僻野荒郊去抓罪犯的女警员。

我们从来没有在报章杂志上，自己写文章表扬过自己，因为，我们爱我们的工作，我们觉得作为一个现代妇女，能为社会治安贡献一份力量，保护大众的安全，这是我们的光荣，使我们有一份充实的满足。说实在话，一个社会不分男女各尽本分，就是这个社会安定进步的基本力量。所以，我们每当执行一次危险的任务回来以后，虽然辛苦，虽然心有余悸，我们却是心安理得，因为我们尽了本分。虽然社会大众并没有给我们太多的赞誉言词，但做人能做到俯仰无愧，那就是至高的快乐！

但是，今天我们读到《中国时报》"人间"副刊，有一篇题名为《美丽兔宝宝》使我们感到十分的委屈。作者胡美丽女士（我们想他应该是一位女士）用最尖酸、最刻薄、最恶毒、最无聊的文句，侮辱我们女警察。我们实在不能了解胡美丽女士为什么会写这样的文章？我们也无法了解《中国时报》"人间"副刊为什么会刊载这样的文章？写文章不外乎是"言志"或"载道"，而报纸是社会大众的公器，胡美丽女士写这样丑化我们女警员的文章，是言什么"志"？是载什么"道"？而《中国时报》"人间"副刊发表这样丑化我们女警员的文章，是在尽社会大众公器的什么责任？我们真的不能了解！我们所能了解的，所能感受的，便是胡美丽女士和《中国时报》"人间"副刊，严重地伤害了我们这一群待遇微薄、工作辛苦而又危险、在默默中为社会大众安全而奉献的女警员，这是十分不公平的！也是十分残忍的！更是十分恶毒的！

因此，我们不能缄默！我们不能抑止我们的愤怒！因为女警员也是一个有尊严、有人格、有情感的人！不容如此无端受人侮辱！

胡美丽女士不知道什么时候看到台北县警察局在迎接上级视察会上，女警员"提着大茶壶"为男人送茶水？我所知道的警察局里有专司茶水的工友，他们为客人倒茶，是他们的工作项目之一，基于职业的尊严，倒茶并不是一件丢人的事。胡女士动不动就提美国，美国不也有专为客人倒茶水的人吗？你能不能不要瞧不起这些为人服务的侍者？即使真的有上级来视察，女警员帮忙倒倒茶水，也没有什么好值得大惊小怪的。就如同家里来了客人，来了长辈，做晚辈的，无论是儿子或者是女儿，出来倒茶水敬客，这也是极普通的一种礼貌，为什么胡美丽女士就会联想到"花花公子"的兔女郎呢？这种离奇的联想，只有两种可能：

第一，胡女士当年在美国读书的时候，或许曾经到"花花公子俱乐部"去打过工，她穿过那种"紧身露胸的小衣，屁股上缀了一个大绒球，穿上镂空的黑色丝袜与高跟鞋，头上还得绑上一个特大号的蝴蝶结，手捧着酒壶，巧笑倩兮，美目盼兮，来来去去"，在调剂客人的气氛！否则，胡美丽女士怎么能异想天开，超越正常人的联想力，从威武严肃的女警察，联想到"花花公子"的兔女郎？只有她可能曾经干过这一行，才自然地、近乎本能地联想到这些！

第二，胡女士的思想观念，可能受到社会上某些擅长于无中生有，捏造最恶毒、最无聊、最卑劣的名词来丑化别人的人的影响！因为女警员所担任的工作，就是肃清奸宄，打击邪恶，维护社会治安，保障好人，是坏人的克星，因此，坏人才会怀恨在心，就捏造一些无聊的事情，来攻讦、丑化我们！

胡美丽女士名字曰"美丽"，实际上她的文章所表现出来的人格和文格，非但不美丽，而且非常之丑陋！一个女性高级知识分子，行文走笔如此无聊、无格，除了说明她可能是天生刻毒之外，实在也找不出其他原因。我们女性之中，居然出现这种人，真的是女性一大耻辱！一大悲哀！

根据新近获得的消息，胡美丽女士的本名，可能就是在《中国时报》"人间"副刊上点出一把"野火"的龙应台。龙女士尖酸成性，专戴着偏激有色的眼镜看问题，被文坛诸先进撰文斥责得体无完肤，如今尚不自我反省，却又另用一个"美丽"的笔名，写出如此"不美丽"的文章，正如我们在前面所说的，会让人怀疑她是天生刻毒，她是一堆粪土之墙！

只不过是看到女警员为男人倒了一杯茶，就引起胡美丽（或龙应台）把我们女警员无端地侮辱一顿，而胡美丽女士她自己最近"忍辱负重"为男洋人生了个娃娃，是不是也应写上一段联想？但愿"你能生个女的，将来好到美国花花公子俱乐部去当兔女郎，以了你的心愿吧！因为你已经不够资格赚那种钱了"！

祝福你！胡美丽女士（或龙应台女士）！祝你在尖酸刻薄侮辱无辜之后，内心还能获得平静。

小心因果报应

俺一口气把"一群女警员"对胡美丽《美丽兔宝宝》一文的抗议读完，心中当真是在一字一泪地细听她们的倾诉！俺好像听见她们大哭！顿脚！捶胸！怨恨！咒骂！

自从俺认识字会看报以来，第一次念到使俺伤心伤到底的读者投书！恨不得一口将那个骂街的王婆胡美丽咬死！

这个泼妇不知道是谁家的媳妇？这家真倒霉！谁家的娘？这家更倒霉！谁家的姊妹？这家很倒霉！谁家的女儿？这家最倒霉！谁家的孽种？这家倒霉至少三代！取了个名字叫"美丽"，竟然骂出这么粗野又卑贱的脏话，简直是禽兽不如！猪狗不如也！臭美！

好啦！好啦！俺退一步想想，俺何必生这么大的气呀！反正她恶有恶报！目前虽然还没有得到恶报，那是因为时间未到——大限一到，一定有报，走着瞧吧！丑陋的"美丽"！

这"一群女警员"在投书的最后一段写道：

"祝福你！胡美丽女士（或龙应台女士）——祝你在尖酸刻薄侮辱无辜之后，内心还能获得平静！"

这一群善良的女警员真是教养好、有良心、有爱心、有容忍的美德、有宽恕的雅量——这正是我们最需要的警员！

可是，即令她们祝福胡美丽"心安"，老天爷也绝对不会、也不能容胡美丽心安，因为做了坏事的人（用尖酸刻薄的毒话伤人的人，一定打入十八层地狱！因为她是天下最坏的人——这种人没有口德），法律纵然暂时约束不住她、惩罚不了她；但是，宇宙间唯一"永远不中立"的"人"就是"良知"——无论她是否有"良心"，"良知"一定有的，不过，有些人的"良知"需要有人去教化他，才能发掘出来，这种过程就叫做"致良知"。

到了良知"出土"，"良心"也就跟着"上来"，这个程序乃是永远不变的。常言说得好："某人良心发现"，正是如此。

胡美丽总也会有那么"良心发现"的一天。就是因为坏人也会"良心发现"，老天爷在造人的时候"特制"一颗"看似良知的良心"，并且赋予这个良心或良知一颗"永远不中立"的"个性"，明辨是非，明辨善恶。在法律暂时无法管教她的时候，就罚她日夜良心不安——轻者失眠、做噩梦；重者精神分裂！

俺把这种良心的责备叫做"精神上的无期徒刑"——请胡美丽指教、参考、研究！

俺从来不仇恨任何人，连那最卑贱的小人俺也不恨，因为俺认定恶有恶报。请听俺讲两个真人真故事。

从前台湾南部某镇上有个大流氓，有一天持刀在菜市场上勒索小贩，十分狠毒。有一名卖菜的因为不服勒索，那流氓便一刀砍在他的小腿上，并且不许任何人救助，直到流血过多致死！

这名流氓杀了人便逃亡，通缉了二十年，二十年一过，通缉令也就失效了，他认为"从此又可以为非作歹了"！谁知道这名流氓却生了一种毒疮，小腿上有一大片皮肉莫名其妙地害了"无名肿痛"，到处求医无效，不久小腿就烂完了，最后活活疼死了！

还有一个抢劫犯，杀人劫财，得手之后逃亡，也就成了通缉犯。一逃二十年，日子当然很苦，躲躲藏藏，永无宁日！因为"良心"不中立、责斥他！

到了第二十年最后一天的凌晨，这小子到一家旅社开了个房间，洗了个澡，换上一套新衣服，打算天亮之后"继续为非作歹"，因为到第二天早晨8点正就要二十年届满，通缉令就失效了！

谁知道人算不如天算——报应来了，因为时候到了，就在凌晨4点正，这人突然精神错乱，夺门而出，边跑边喊："救命！救命！有人要杀我呀！"

最妙的是，他喊叫的声音正是二十年前他杀的那个人的声音！喊救命的情形也和二十年前他追杀的那个人当时边跑边叫的情形一模一样——天哪！报应！报应！

俺为啥要把这两个案子旧话重提呢？俺是要用这两件事证明因果报应一点也不会错的！

宇宙之内，最公道的有三：一曰天；二曰地；三曰良心。天地良心乃是三位一体的人生主宰，谁对人尖酸刻薄，谁就会得到尖酸刻薄的报应；谁凶狠毒辣一定也会遇上凶狠毒辣；总而言之一句话：善有善报，恶有恶报，如若没报，时候未到；时候一到，一定会报！

各位女警同志，绝大多数的同胞都把你们看成自己的姊妹，俺也把你们当成自己的好女儿！当你们扶着老的、帮助幼的缓步通过交通繁忙的十字路口时；当你们不顾生死为善良的民众除害时；当你们光明正大地依法、酌情、合理地为民众服务时，万一受到难以忍受的委屈，心中就念："善有善报！"只要求个心安也就是最大的报酬了——这种报酬乃是骂街的王婆胡美丽之流的恶女人所永远得不到的呀！祝福你们！

女人是永远的第二性

胡小姐：

读罢您的《美丽兔宝宝》后，忍不住想请教您一些问题。

相信您一定看过这样的镜头：台湾棒球选手从美国夺得"三冠王"美誉后归来，甫一下飞机，立刻从四面八方拥来一队留着西瓜皮的中学女生，手执花环，喜滋滋地（也许是木无表情地）与英雄们互鞠一个躬，然后把花环套在他们的脖子上。但是您永远不会看到另一个镜头：木兰女将们在欧洲踢个冠亚军回来，由中学男生们给她们戴上花环（相信就是在外国各地也少有这个镜头）。

好，请问您：如果我拒绝去为棒球选手们套花环，不愿为男警员倒开水，不愿做校长开会时的"临时女秘书"，不肯在督学巡查时作简报，那么您猜，那种气氛和结果会如何？就像一场全体大合唱里，众人皆唱得陶陶然，唯你一人独唱反调？那么，上司会为你的"小家子气"、"妇道人家不识大体"、"乱使小性子"而大呼伤脑筋！重者可能开除你，轻者视你为异类，宽宏大度者会有趣地想道：怪怪，这小女人，好大的志气啊！其实他正因你提醒他"女性的自卑自大"心理而感到有趣和可怜你。

胡小姐，认命罢！我们永远是第二性，永远是男人眼中的"性怪物"，智力永远停留在提水壶倒茶的阶段上。虽然我万分不愿绑上蝴蝶结，穿上兔子装，但是我亦无力去反抗男人这如来佛的手掌心，更无法逃出他们如奥威尔在《一九八四》里老大哥般神秘而无孔不入的监视……

你能解答吗？如果不能，也没关系。或许五十年后可以找到答案，假使我不幸又投胎为女子的话。

祝快乐

昭君怨

吴伯雄"内政部长"大人：

小女子名叫王昭君，今年三十九岁。在台湾土生土长，高职毕业，今有一大难题，不知向谁诉求。想想吴部长既然是管"内政"的，而小女子又是"内人"，找您帮忙大概没错。

事情是这样的。昭君在十年前嫁给了一个番人，他的眼睛是绿的，头发是红的，在德意志国生长，听说是属于日耳曼部落的。全部落的人吃饭时都用凶器——刀啦、叉啦！不像我们使两根秀气斯文的棒子。我下嫁的这个番子人还不错，体贴温柔，而且是他们部落里的秀才。

十年前带他来台湾，日子不太好过。跟他走在街上，嚼槟榔的少年郎会挤眉弄眼地挨过来说："嘿！我也不会比他差，跟我去困好不好？"

有一次，一个老乡计程车司机给我们敲竹杠，要两倍的车钱，昭君火大起来，硬是一毛也不多给。这个老乡当街人声喊叫："你这个婊子，跟洋鬼子……"下面的话就不必说啦，你自己想象。

这些还是比较没有知识的人，有知识的就礼貌含蓄多啦！一个初初见面的人当着番子的面，计算他听不懂，问我说："嘿，昭君，怎么会去和番呢？肥水不落外人田，你不宰样吗？"

很奇怪哩！人家苏武从北方部落里娶了一番婆子回来，就没有人这样侮辱他，反而少年郎都拍着他的肩膀赞叹："苏老大，有你的，给你赚到了！光彩光彩。"

我问苏武知不知道为什么同样是与番人结合，他与我境遇如此不同。苏武笑一笑，嘴里露出很多黑洞洞——他在北海牧羊的时候，常常啃毛毯，把牙齿啃坏了。"昭君小妹，"他说，"这你就不明白了。你很有感性，可是缺少洞悉事态、分析现象的逻辑、理性。"

他得意洋洋地说，一方面，汉民族有种族优越感，所以基本上反对异族通婚，把汉族纯洁的血液搞混了。另一方面，汉人又有一个观念：女人是男人的"财产"——说得好听是"宝贝"，说得不好听是"肥水"：因为是财产，所以汉女子和番，是破财、损失；汉男子娶人家进来，是赚了别人的财，偷了别人的肥水。

"总而言之，"苏武很耐心地对我解释，"女人是男人的财产啦！财产就是东西，东西就是物。用现代的话说，就是女性的物化，懂不懂，嗯？"

老实说，昭君实在有听没有懂，而且觉得无所谓。物化就物化嘛，女人是男人的财产有什么不好？

可是，问题又来了。

去年昭君生了一个娃娃，还是男的哩！白白胖胖，眼睛又圆又亮，可爱得叫人心都化了。昭君和番子爸爸商量之后，欢天喜地地去给娃娃申请一个国籍。那个判官说：

"不行。根据台湾有关法律，这娃儿不能做中国人。"

"为什么？"

"因为他爸爸不是中国人。"

"可是他妈妈是呀！"昭君很紧张地说，而且赶快给他看我的黑头发、单眼皮。

"我知道妈妈是呀，"判官不耐烦了，"可是妈妈不算数。"

苏武也抱着他的儿子在申报（他的儿子又干又瘦，丑得很，真的！），没几分钟就出来了，手里拿着一本崭新的护照。

"傻瓜，"他说，"你若是在'父'那一栏写个'不详'，你儿子就可以作中国人了。"

如此这般，昭君本来想把儿子奉献给国家，既然不承认他是中国人，我只好把他奉献给日耳曼族，让他去统一德国了。

可是昭君心里难免有点怨恨：为什么中国男人的孩子都是中国人，中国女人的孩子却不算数？这样的法律又泄漏了什么心态？赶快去找苏武。

"很简单嘛！"苏大哥雄赳赳、气昂昂地说。"女人只是半个人嘛！你没想过，为什么女人向银行开户、贷款、为人担保，买卖房屋什么的，自己签章都不能算数，必须要有丈夫的签字才算？一样的道理嘛！你怎么到现在还不明白？"

离开苏家的路上，昭君一直在想：好吧！中国人不承认、不接受我的孩子做中国人，因为我只是个女人，只是妈妈，那没什么关系，做日耳曼人也不错啦！可是，可是，万一我和番子爸爸离婚，孩子归谁呢?

他们父子两人都是外籍,如果有了争执,台湾的"法律"能用到他们头上吗?如果不能,那我这个做妈妈的,岂不要失去一切的权利?

"你省省吧!"番子爸爸满面讥笑地说。"如果我们开始争孩子监护权,你还是远离台湾法庭,到德国去争吧!日耳曼人相信孩子是应该跟着母亲的。你以为台湾的"法律"会把孩子判给你?你忘了你是个女人,半个人啊!呸!"

吴大人,我相信您平常一定不曾想过这些问题,您自己的女儿大概并未和昭君一样和番而去。舆论界也不曾注意这个问题,因为社会上和番的女子毕竟极少。可是,您得承认咱们大汉民族这个堂堂法律实在不怎么公道,是不是?您听过"赛珍珠基金会"吧?他们收容了许多越战期间混血的孤儿,中国的妈妈无力抚养他们,番族的爸爸又根本不要他们,大汉民族的台湾社会称他们为"杂种";这些孩子生在台湾、长在台湾,咱们的法律却不承认他们是中国人,因为"妈妈"不算数,所以他们是"无国籍人士"!您不觉得这样的法律可恶、可厌吗?

昭君的娃娃做不做中国人,其实没什么关系啦,只是老是被大汉同胞看作一桶"肥水"、被大汉法律当做半个人来处理,心里实在有点难过。您能不能和"礼宾司司长"商量商量,把这个落伍的法律改一改?

王昭君叩首

辑二

星洲风波

还好我不是新加坡人

龙应台

我庆幸自己不是新加坡人，告诉你为什么。

9 月，欧洲和东南亚的二十二个外交部长在德国开会。新加坡外长教训欧洲人："我们亚洲人拥有足够的科技与资金去长期发展经济……'冷战'结束之后，欧洲人试图外销他们的文化价值；我们可以接受其中一部分，但不是全部。双方必须学习去尊重对方的不同。"

说得理直气壮，好像亚洲人整个的尊严都在里面了。地主国德国的报纸也以显著的排版突出新闻，主题是"亚洲和欧洲的文化冲突"。美国学者亨廷顿的说法当然又被引用：讲究自由和个人尊严的西方文化对峙强调权威和集体利益的亚洲文化。

新加坡外长的话有什么不对吗？表面上没有不对。欧洲的文化输出当然不仅只是"冷战"后的几年；对中国而言，应该说已有一百五十年的历史，如果我们从鸦片战争算起。风水轮流转，欧洲人向别国学习，也是时候了。令我不舒服的是，最近新加坡政府频频与西方对话，口气中俨然以亚洲的代言人自居。开口就是："我们亚洲人的价值怎么样怎么样……"西方的媒体竟然也跟着说："他们亚洲人的价值怎么样怎么……"两造一唱一和，好像新加坡代表了亚洲，新加坡的文化价值就是整个亚洲的文化价值。

什么时候，新加坡变成了我的代言人？

鞭打美国人的案件刚过去，新加坡在9月吊死了一个贩毒的荷兰人。已经废除死刑的欧洲人议论纷纷。我并不特别同情这个荷兰人——他知法犯法，而且，新加坡没有理由因为他是欧洲人而对他法外开恩。但是，新加坡政府没有傲慢的权利——至少，他没有资格代表我这个台湾人，而我可是个道地的亚洲人。

我不赞成死刑。我不赞成将死刑犯五花大绑拍照。我不喜欢看到丢纸屑的人被警察当众羞辱作为合法的惩罚。我不喜欢人家来规定我能不能吃口香糖。我不愿意买不到想读的外国杂志。我不愿意任何人告诉我我能看什么书不能看什么书。我不能忍受一小撮人指定我怎么想，怎么说，怎么活，怎么做爱生几个小孩。我不能忍受一小撮自以为比我聪明的人告诉我我的文化价值是什么。给我再高的经济成长，再好的治安，再效率十足的政府，对不起，我也不愿意放弃我那一点点个人自由与尊严。

而且，有这种想法的人绝对不只我一个亚洲人。日本，韩国……多得是。新加坡理想国内也很多，只不过我们外面的人听不见他们的声音罢了。

新加坡人当然有充分权利依照他们的价值准则去过日子——什么样的人民有什么样的政府。但是拜托，下次再有什么西方人被打被吊的，说"我们新加坡人如何如何"吧！不要把我这一类不可救药的讲究个人尊严与自由的"亚洲人"包括进去。

还好我不是新加坡人，如果是的话，写了这篇文章可不好玩了。

我想成为一个新加坡人！

小叶

我想成为一个新加坡人！

自我第一次踏入新加坡国土后，面对新加坡花园般的城市、高科技的管理、齐备的法律等等，就深深地爱上了她！虽然我也多次去过东南亚各国，但我最喜爱的还是新加坡。在短短的一年里，我连续到新加坡十三次！每次来每次都有新的感受！

我最尊重的是内阁资政李光耀。他亲自掀起了"中国热"，使我们中国人有机会了解新加坡的社会和经济发展。同时，我们中国人也有更多机会到新加坡来和新加坡人做贸易，对新加坡有进一步的了解！

在短短的时间里，新加坡独立地将自己国家建设得这么好，这在整个亚洲甚至全世界已有公论！中国虽然人口多土地阔，但"向新加坡学习"的口号已提出几个年头。只要你到中国做生意，你可以问任何一个做国际贸易的中国商人："你最喜欢哪个国家的商人？"我估计一半以上的回答是："新加坡商人！"并不是说和新加坡商人做生意一定有大钱赚，但和新加坡商人做生意的风险就相对比较小。

笔者所在的公司就是做进出口贸易的。去年7月一个偶尔的机会，认识了一个新加坡商人，很快做成一笔生意。虽然利润非常薄，但新加坡商人的严肃作风给我们留下极深印象！从此我们之间的进出口贸易就多了起来！

笔者办公室的隔壁，是一家规模不小的公司，虽已在深圳上市股票，最近又计划在新加坡上市，并获新加坡有关当局批准。我曾问他们："为什么不选择在欧美国家上市股票？"他们说："还是新加坡好！"为什么？"因为新加坡的人好"，这一句话涵意十分之深！涉及一个国家的历史、文化、人情、法律和制度！这对一个多次来过新加坡的我来说，深深理解这句话的内涵！也十分赞叹这家公司的选择！

但是，当我看到《联合早报》10月14日转载了台湾报纸上的一篇文章《还好我不是新加坡人》这标题时，倒吸一口冷气，细细看下去，觉得这个龙应台的话缺乏正常的逻辑。我始终想不出来"新加坡在9月吊死一个贩毒的荷兰人"和"新加坡政府没有傲慢的权利"之间有什么内在关联。我不知道龙应台指责新加坡政府"没有资格代表我这个台湾人"这句话所指的新加坡政府何时何地要去代表这个台湾人去说话！

恕我直言，龙应台的话实在不能让人服气！但是，字里行间流露的文才确是不凡，我周围欣赏过这篇佳作的同事，都异口同声让我写文章建议龙应台再写一篇《还好我不是台湾人》，或许是本土本乡本情写出来更能感人！

　　当然，龙应台也想不到她这篇文章被新加坡报纸转载了，更想不到新加坡人立即进行了反驳！连中国人也要来打抱不平，一定是她始料不及的！龙应台肯定想不通为什么有这么多人喜欢新加坡！但我还是要告诉她：

　　我爱新加坡！我想成为一个新加坡人！

（作者是旅居新加坡中国人）

还好她不是新加坡人

一得

远适欧洲的台湾女人龙应台，以身非新加坡人而沾沾自喜，却选择在台湾报章对新加坡大放厥词。居心何在，令人费解。

这个以舞文弄墨为专业的女人，首先对新加坡领袖冷嘲热讽一番，指他们没有资格代表全体亚洲人（包括她这个道地亚洲人在内）发言。

其次，她把新加坡法律批评得一文不值，声言"给我再高的经济成长，再好的治安，再效率十足的政府，对不起，我也不愿意放弃我那一点点个人自由与尊严"。

最后，她还以挖苦的口吻说："还好我不是新加坡人，如果是的话，写了这篇文章可不好玩了。"

尽管她不是新加坡人，写了这么一篇文章也不太好玩。新加坡政府当然不会去把她抓来五花大绑拍照或打屁股，道地的新加坡人却不会轻易放过她，如乐子与梅子两位青年写作者便对她作出了强烈反应，连原籍香港的新加坡公民陈敏明也站出来说公道话。

自称"不可救药的讲究个人尊严与自由的亚洲人"的龙女子，庆幸自己不是新加坡人；既是亚洲人亦是新加坡人的我，也深为她不是新加坡人而感庆幸。

理由很简单：她既不喜欢新加坡，新加坡也不欢迎这么一个极端个人自由主义者。

如果她不幸生为新加坡人，而又不得不终老于斯的话，她显然只有两条路可走：

要么忍气吞声，挨受连嚼口香糖都没有自由，而又有人要教她怎么做爱生几个小孩的无聊生活。果如此，只怕她不消几时便会活活闷死。

要么积极从政，招集志同道合者组织新政党，或加入现成的反对党，或以独立人士身份参加竞选。一旦进入国会，便可声嘶力竭地为全体新加坡人争取自由。必要时还可脱下高跟鞋当武器，以期打出一个自由天地来。

还好她不是新加坡人！

子非鱼安知鱼之乐

林义明

台湾作家龙应台最近在台湾《中国时报》写了一篇题为《还好我不是新加坡人》的文章，指"新加坡无权代表亚洲，没有傲慢的权利，没有资格代表她这个台湾人"。本报上星期转载这篇文章，结果引起许多读者的关注。一些读者立刻撰文表达他们对这篇文章的看法，这包括在新加坡居住的中国大陆人和香港人。

其实，台湾人公开对新加坡表示不满，已不是什么新鲜的事。前几年，就有一个台湾歌星表示他"来新加坡后有被阉割的感觉"，结果许多新加坡人大为愤怒，纷纷撰文攻之。

这里，我要表明一个立场，我不是想写一篇《还好我不是台湾人》来和龙应台的《还好我不是新加坡人》分庭抗礼，也没必要举出一大堆论据证明"我不赞成金权黑道吸毒盛行，我不喜欢看到议员在'立法院'里打得头破血流，甚至在电视机前自刺一刀以表'清白'"等等，以指出对方没资格提出批评。这最终会演变成情绪化的谩骂，对引导龙应台"这类不可救药的讲究个人尊严与自由的亚洲人"了解真相，将无助益。

龙应台似乎对新加坡有许多不满，她最不满的是"新加坡代表亚洲说话，尤其是代表她说话"，原因在于新加坡"没有这个资格"。我姑且不讨论龙应台是否是以一种"大中华正统文化继承人"的姿态来批评新加坡，因为这不应该是讨论的重点，我认为，让所有的人了解龙应台所说是否属实，不让这种论调混淆视听更为重要。

整个逻辑很简单

整个逻辑很简单。新加坡是亚洲的一个部分，新加坡人是亚洲人，亚洲人表达亚洲人的心声，没有人可以反对，更何况这种声音是来自一个有三大亚洲文化（中华文化、马来伊斯兰教文化和印度文化）背景的国家。尽管如此，新加坡从来不敢以整个亚洲的文化代表自居，它很清楚自己是个小国，但小国也有它的看法，"小"不能构成外国人阻止它说出心里话的理由。

要求西方不要把价值观强加在亚洲国家身上，以及吁请西方应该学习尊重亚洲国家的不同点，并不是新加坡独创的言论。事实证明，在许多国际场合，中国、印度、马来西亚、泰国、印尼、越南等亚洲国家都不断提出同样的言论；就连很需要美国照顾的日本和韩国，也在必要时提醒西方，亚洲价值观必须受到尊重，而韩国和日本正是龙应台所谓"很多人想法和她一致"的国家。

龙应台肯定是误会了

所以，龙应台肯定是误会了。新加坡从来没想过要代表她这个台湾人说话。如果龙应台因新加坡没在发言支持多数亚洲国家的立场时，考虑她的想法，而一厢情愿地指责新加坡政府"傲慢"，就未免过于自我膨胀。新加坡当然是代表新加坡人说话，凑巧的是，这也正是许多亚洲国家要说或已说过的话。

如果龙应台不清楚新加坡和亚洲的情况，以致不同意新加坡人的看法，她只能说"我不同意新加坡人的看法"，而不是硬说新加坡好像在代表亚洲说话，企图抹杀新加坡人以亚洲人身份说话的权利。

其实，新加坡的总理、内阁资政和部长在国际场合发言时，谈论亚洲价值观的机会不多，多数时候是大力吁请西方国家到亚洲投资。由于新加坡在经济方面的成就已赢得西方国家的信心，它可以扮演把西方资金引导到亚洲国家的角色。许多亚洲国家和地区（包括台湾）对新加坡在这方面的贡献深表感激，它们不可能反对新加坡为亚洲进行宣传，因为这对大家都有好处。或许龙应台只看到西方媒介渲染新加坡"教训"欧洲人，却不知道（也许她"选择"不知道）新加坡努力鼓励欧洲国家到亚洲投资的事实，否则，她就不会一股脑儿地指责新加坡以"亚洲文化代言人"自居，而忘了给新加坡套上"亚洲经济代言人"这个称号。

除了不满新加坡"代表"她讲话之外，龙应台还有一个非常不满新加坡之处。她说："给我再高的经济成长，再好的治安，再效率十足的政府，对不起，我也不愿意放弃我那一点点个人自由与尊严。"

事实真是如此吗？

她说，有这种想法的亚洲人在台湾"多得是"。可是，事实真是如此吗？让我们看看台湾权威性杂志《天下》最近对新加坡国情提出的客观评价，就不难得到一些眉目。《天下》认为台湾应该向新加坡学习，因为"大多数台湾居民共同的梦，是干净的居住环境、优雅的生活品质、安全安定的社会、廉能的政府。（共同的梦）是社会公平、是法治，而不是更多的自由和民主"。

论调恰恰和《天下》相反

龙应台也许更应该撰文指责《天下》凭什么代表她这个台湾人讲话，因为她的论调恰恰和《天下》的相反，她要的不是大多数台湾居民所要的干净的居住环境、优雅的生活品质、安全安定的社会、廉能的政府等等，而是她所谓的"一点点个人自由与尊严"。

在龙应台眼中，新加坡人似乎并没有"一点点个人自由与尊严"。她认为，新加坡国内有很多和她一样想法的人，还说："还好我不是新加坡人，如果是的话，写了这篇文章可不好玩了。"结果，她再次犯上一厢情愿的老毛病。

这让我想起《庄子》中"子非鱼安知鱼之乐"的故事。龙应台一开始就认定很多新加坡人是"没有一点点个人自由与尊严"的，也许这是她自己的猜测，也许这是她从一些西方报章或台湾报章上得到的印象，她却不知道多数新加坡人其实都不这么认为，他们都为治安良好所带来的人身自由，以及作为一位新加坡人的尊严而感到自豪。如果新加坡没有"那一点点自由",新加坡人也不可能在报章上拜读龙应台的文章,并向她提出自己的看法。

估计错误不免贻笑大方

许多亚洲国家都了解,只有在经济成长持续,社会纪律得以维持,人民丰衣足食的情况下,人民才可能获得真正的尊严和自由。假设龙应台是新加坡人,而她又写出这样的文章,则如果真有"不好玩"之处,那恐怕就是她一厢情愿地分析事物,以致估计错误,最终不免贻笑大方。

如此生活，夫复何求？

雅瑶

　　南来移居狮城不觉已足七年之久，虽然还不是"红登记"的持有人，但感觉上这里已是我的家。偶尔遇上亲朋戚友，总被问及一些大同小异的问题，例如新加坡好吗？是不是管得很严？会不会很闷？不冲厕所真的要罚款吗？曾读过一本外地杂志，似用嘲笑态度提到"新加坡也都罚"。近日也在报上读到某些针对本地内政的意见舆论，这倒给我一个启示，什么是以讹传讹，尽信书不如无书。我认为只有亲身经历，才是最佳见证。

　　我不懂政治、经济，对文化、价值观等的东西也只是一知半解，我只是一个负责煮饭烧菜、带孩子、做家务的平凡家庭主妇，没资格去评论、分析以上有关的课题，然而我正生活在此，而且确是天天"衣食住行"、"柴米油盐"地生活在这个国度里，所以理所当然地可以谈谈我个人的生活体验及感受。

　　新加坡拥有"花园城市"之美名，得来不易。政府一套有系统有计划并持之以恒的政策；为这美好名声奠下稳固的基础，当然刻苦耐劳、尽忠职守的清洁工人，居功不浅，在此衷心谢谢他们。一张纸屑，微不足道，如果全国大多数人都轻视丢一张纸屑的后果，情况肯定糟透，惨不忍睹，为了防患未然，政府立法请那些不合作的人客串清洁工人，也蛮合理的。为了不致沦为被"羞辱"的对象，不随处乱抛垃圾，是最实际的行动。唯传媒没必要过分渲染就是了。

在新加坡不能吃香口胶（注：即口香糖），对我而言没什么损失，我还有许多别的选择，那又何须介怀？

为了维护国家的形象，保障多数人的利益，国人应体谅及支持"有选择的阅读"政策。近日报上能读到批评新加坡的文章，足见政府的过滤选择，仍是宽容的、理智的。

公共厕所内并没有装上记录仪器，没有干扰民众。所谓罚款，目的是给阁下一个警惕、一个告诫。如厕后冲水，理所当然，违法受罚，没啥奇怪，无须小题大做。

新加坡是一个蕞尔小国，人口的变化对国家的前途有极大的影响力，政府经过仔细研究后订出的人口政策及措施，是有它一定的根据，况且爱生几个孩子，不生孩子，要不要结婚，并无强行下旨，强迫受范，人民仍有最后的选择权，并没有抵触个人自由与尊严。

总结而言，本地某些政策，并非十全十美，亦不是人人赞同附和，这里还未达到人人梦想的世外桃源、人间仙境的标准。即如考试制度，虽然仍存在不少漏洞、缺点，但当还没有出现更完善、更有效的方法时，它仍然是大家认可的衡量标准。近似的道理，为了大多数人的利益，有时少不了牺牲小撮人的利益。在不同的环境，作出适时的调整，灵活变通乃维持、保障生存能力的策略。

铁一般的事实是最佳的见证，这里没有种族歧视、没有动不动的示威斗争，没有严重的交通阻塞，没有令人吃惊的通货膨胀。这里有的是清廉、有效率、态度严明的政府，稳定的政治、高经济成长、整洁的市容、良好的治安、健全的教育制度、人民安居乐业。如此生活，夫复何求？

　　相信许多人在观赏国庆日表演时，都会情不自禁地被热情雄浑的歌声、飘扬舞动的旗帜、多元化的精彩演出所感染，而深受感动，我也不例外。然而这感觉只是瞬间跃过，始终觉得这悉心营造的气氛显得有点人工化，并遥不可及，真正牵动心弦的倒是去年当政府介绍新加坡体操运动同时推出的宣传片时，荧光屏出现各阶层、各年龄的人都在参与体操运动，尽管他们的动作生硬，不太纯熟，但脸上却堆满笑容，个个乐在其中，享受运动的乐趣。

　　眼前看到的不是政府推销他们的功绩、威信，而是以父母师长关怀之心，诚恳地推介保健强身之法，顿时觉得画面异常的温馨、美好，一股暖流缓缓透过心头。融洽和谐的气氛告诉我这里是我们的家，我们是一家人。10月20日的《早报》报道，新加坡在未来几年内将投下巨资发展各种基础设施。看来我们未来的生活素质将作更进一步的提升。至于这种生活算不算自由，是否会失去尊严，其中是苦或是乐，没有人比自己更清楚。

吾爱吾土

李珏

热爱新加坡的新加坡人实在无须气恼龙应台女士《还好我不是新加坡人》一文（10 月 14 日《早报》转载）。批评与指责是龙女士的专业。她在《野火集》一书批评台湾，到了北京和上海，从飞机场的公务人员到菜市场摆摊位的菜贩，都令龙女士深深地不满，因此她写了《吵架——北京印象》（原刊于 1993 年 10 月 31 日上海《文汇报》，后转载于 1993 年 10 月 10 日的《北京晚报》）。因此龙女士这篇《还好》不足为奇。

新加坡的国民并不是没有看到这国家的瑕疵，并不是不知道这里仍不是十全十美，但试问哪一个国家是？龙女士可能无法想象为什么我们多数国民却仍热爱这块土地。我是一名过了四十而应当不惑的新加坡人，但我一点都不会不好意思地说，我也是一个看到新加坡国旗升起时会流几滴热泪的人。客居过美国，也到过其他国家旅行，我的心从未向往过在其他的角落重新落足，因为我生于斯，长于斯，一生受惠于斯。

80 年代在美留学时，台湾来的同学问我为什么不起个洋名，"叫起来方便些"。（我的美国老师和美国同学却努力地学叫我的本名）有些台湾朋友则问为什么"不留下来"？但来自新加坡的同学或朋友初次在异地见面时却总是先直问"计划什么时候回家"？家很小，家也很热，但爱家浓情难于稀释！

这种相属之感何其美好，有如夫妇相属之道：爱彼此的美，也同时接受对方的不美，却又不绝望于那不甚美好的一面不能有朝一日亦化为更好。结束之前，愿敬赠龙女士一首笔者为此暂意译的歌，作词的是 Lloyd Stone，他的谱曲取自西贝柳斯（Sibelius）的《芬兰颂》（Finlandia）。

和平之歌

吾国天空蓝过海洋，阳光普照松林

但在别的土地上亦阳光四射，且天色也蓝

啊！万国之主，请听我的和平祷歌

为着我的家园，为着别的土地

同样献上

还好我是新加坡籍的香港华人

劲草

假设我能活到九十四岁，上半段的岁月已在放任政策的社会环境里度过去了；下半段的生活，我来到新加坡，甚至将全家人的前途，交给这个世界知名的严谨统治模式的社会。然而，移民的抉择，那份悲痛感受，看来龙应台是幸运地不必去体验的，但她可有想到过，人在陌生的环境里，竟能够"不劳而获"地受到欢迎，那种奇妙的感觉，绝非局外人能够体会的。

若说这里的人和善可亲，抑或说有良好的治安，塑造了超然形象的话，倒不如说：因为这里的繁荣进步速度较缓慢，未发展到令人民烦躁不安，这里的政府给予人民照顾得很周全，国民极普遍地没有近忧，发牢骚的话，重点着意于投标拥车证的价格太高；要购买房产的话，政府管不住高价上涨。我回读者一句话，大家可曾有亲身感受过"放任政策"制度下的滋味呢！

我认为，要合理地辩论一个社会的优缺点，首先应知道我们的基本目标是什么？最重要的是有合理的制度。世界上未见过有哪个国家领袖，可以采用空泛的理论来办事，就可享有兴盛的国家。我们在谈论时，只不过将不同制度的优缺点拿来比较，看谁具备更可取之处，有哪些难题需要不同的方法去解决。直到今天，我还未见到有谁能说有任何治国方法是放诸四海皆准的。

我自己就有一个梦想：

华人的起居饮食世界里，没有一处的生活方式，能比得上香港那么自由洒脱，但是政府对犯罪者的宽容态度，使人难以容忍。如果有朝一日，新加坡能以现有的良好社会治安方式，协助使香港继续繁荣兴旺下去，确保在邓小平之后，维持香港的经济奇迹，这对整个亚太地区的发展都有好处。

但以目前的情况来说，我要告诉大家："还好我是一个新加坡籍的香港华人！"

我很小，可是我不怕？

龙应台

前言：慎思明辨

我在"人间"的短文《还好我不是新加坡人》（1994 年 10 月 10 日），经由狮城的《联合早报》转载后，好像一枚引发的炸弹。《亚洲周刊》说，那篇文章"似乎触到新加坡人敏感的神经，引起强烈反应"。新加坡专栏作家刘培芳说，"龙应台变成新加坡芸芸众生的公敌"。

在我的文章"出事"的同时，客座于新加坡大学的美国教授林格尔，因为在《国际论坛先锋报》上批评了新加坡的司法制度，惹得警察上门来，讯问了九十分钟。林格尔立刻辞职回美，事后对媒体说，他不敢留在新加坡，怕被逮捕。

林格尔所引起的可以说是新加坡的官方反应，我的文章所刺激的，却显然是新加坡的"芸芸众生"，民间反应。其反应之激烈，据《亚洲周刊》的观察，似乎是有史以来第一次。

反应激烈自有其原因。外国媒体上以英文写成的批评新加坡的文章并不少，而且常被新加坡的英文报纸《海峡时报》转载，所以新加坡的英文读者对逆耳的英文评论并不陌生。华文读者却没有这个经验，就如专栏作家刘蕙霞指出的，"以华文书写的外国评论而在（新加坡）本国报章上发表，龙女士倒算是第一个人"。

本来就不习惯看见以华文写成的批评文字，更何况一出现就是像《还好我不是新加坡人》那样尖锐锋利的文字风格，新加坡读者猛然觉得受不了，是很可以理解的。

新加坡人对我的批评的反应，让我想起十年前"野火"时代的台湾。他们受刺激的程度有相似之处，可是彼此之间有一个重大的不同。"野火"前的台湾人对当时政治现状之不满已经几乎到饱和状态，只是还欠缺最后一股勇气把天掀掉。我得到的沸腾的反应中，各种看法、各种声音都有，从极左到极右。

今天新加坡所出现的反应，尽管激烈，却有相当一致的基调：我们国家是进步的、政府是大有为的、安全比自由重要、国家利益超出个人权利……在二十余篇反应中，只有一篇例外。

这个现象可以有两个解释：新加坡人确实比较满意于现状，乐意接受由权威政府领导的生活方式；或者，在权威的笼罩之下，不同基调的声音根本还不敢冒出来。

两个解释可以同时存在，并不彼此矛盾。

我因而特别为新加坡人写了《我很小，可是我不怕？》这篇文章，刊在《联合早报》。想说的是，何必对我生气？该讨论的是议题本身。对新加坡而言，重要的不是我这个外人的批评，重要的是这些议题得到新加坡自己知识分子之间的慎思与明辨。

1991 年访新加坡，当地华人知识分子的困境、苦闷，和他们对中华文化与语言的情深执着，都令我感动。不是为了他们，这些文章我根本不会去写。

我很小，可是我不怕？

许多中国大陆和台湾的知识分子带着他们本身并不自觉的中华主流文化优越感来到东南亚，然后发现，东南亚的华人极不欣赏他们的优越感。我是前者之一，到了新加坡和马来西亚之后，才学到教训：他们是新加坡人、马来西亚人，不是需要你"宣慰"和"照顾"的"华侨"。

谨受教，我说，低下头觉得很惭愧。

在提笔写《还好我不是新加坡人》时，我曾经停笔思索：是不是用辞要客气些，婉转些？然而转念一想，我在批评中国大陆或台湾时，并不曾想到要客气、婉转，为什么对新加坡要有不同的标准？

我必须假定新加坡人和中国大陆人、台湾人一样，禁得起尖锐的批评。在华文的大世界里，我们是平等的。

其次，我有什么资格批评新加坡？

问题应该倒过来：谁没有资格批评新加坡？文化批评像作文比赛，只问谁写得好，不问谁有什么资格。我可以用德文批评德国，用英文批评美国，用华文批评台湾、大陆，和新加坡。重要的是我批评了什么，而不是我是什么。

于是有《还好我不是新加坡人》这篇文章。

文章的主题，不在于新加坡有没有足够的自由、该不该有更多的自由——不曾在新加坡生活过，我倒觉得自己没有资格对这个问题下结论。文章批判的对象，甚至不是一般新加坡人，而是新加坡政府。这个政府有许多做法是我这个个人所不能苟同的，所以我要求它不要概括地以"亚洲人"代表自居。它有充分的权利代表新加坡人，但它不能忽视与它价值观相左、无法由它收编的不同的亚洲人的存在。

当然不是由于新加坡小，就说它没有权利代表亚洲。如果由中国的总理或者日本的首相来对西方说，"我们亚洲人如何如何……"恐怕是一件更严重的事情。一方面，文化霸权轻易地可以吞噬弱势文化，另一方面，当亚洲人自己将自己单一化、集体化的时候，我们同时加强了欧洲人对亚洲的传统偏见："亚洲人站着都能睡觉"，"亚洲人能吃任何苦"，"亚洲人不重视人命"，"亚洲人不懂得个人隐私"……

欧洲人很愿意忽视亚洲多种文化之间的丰富差异，用以支持他对亚洲的整体刻板概念。如果亚洲人自己都把自己单一化、刻板化、集体化，你哪能要求欧洲人超越他肤浅而平面的亚洲认识？

《联合早报》所刊出的种种反应，一方面在我意料之中，一方面令我惊讶。意料之中的是新加坡读者对我的不满；惊讶的是，反驳我的人如此不假思索地与政府认同，作出统一阵线的反应。在我写《还好》的时候，我的直觉是：政府是政府，人民是人民，两码事。在诸多对我的反诘中，我发现，这个分野非常模糊。

更奇怪的是，对《还好》的反应是百分之百一面倒的"护国之声"。我的问题是：没有不同的声音吗？或者，不同的声音出不来？

我承认我伤了新加坡人的感情，可是我会去伤它，也是因为，身为一个华文世界里的知识分子，对一个华语国家毕竟多一份关心；新加坡人不需要我的关心，可是我的文章里有没有值得他关心的东西呢？

——"欧洲人注重自由与个人人权，亚洲人强调和谐与集体利益。"这是不是一个盖棺论定的真相？谁盖的棺？谁定的论？符合谁的利益的真相？

——即使真的盖棺论定，它应该是、必须是新加坡人（或亚洲人）继续追求的前景吗？为什么应该是、必须是？为什么不应该是、不必须是？

——文化的诠释权操在谁的手里？应该操在谁的手里？不应该操在谁的手里？

——新加坡为什么扮演了它现在扮演的角色？它的殖民历史是不是同时塑造了并且窄化了它的西方观？

——自由与安全是否绝对矛盾？

——在西方与新加坡的频发争执的表面底下，究竟流动着什么较深层的因素？国家主权与文化冲突是否足以解释一切？

Lingle（林格尔）的事件与我的文章所引起的风波几乎发生在同时（我可是在今天，10月24日，才看见 Lingle 的文章），我所看到的典型新加坡反应是，"我很小，可是我不怕"。多几个人聚在一起，大声多说几次"我很小，可是我不怕"，敌忾同仇的激情就要出来了，激情掩盖了真正的题目，也淹没了真诚但是冷静的讨论。

如《海峡时报》所说的，新加坡可以没有我这种台湾人，我同意；但是，新加坡可以没有诚实的知识分子，对自己作真诚、冷静、尖锐的讨论吗？

龙应台文章引起的五个问题

柯清泉

细读龙应台的两篇文章之后，我认为其中的确有些令人不满之处，我要提出以下的疑问：

一　尖锐批评说不过去

龙应台对中国大陆与台湾的批评不需要婉转与客气，原因有二：追根究底，龙应台毕竟与中国大陆和台湾有脱离不了的渊源是其一；中国大陆经历多次重大的政治变动，开放后产生种种社会问题，以及台湾的政治和社会发展无法与经济强势并行前进导致许多的社会弊端是其二。

由于情况不同，对新加坡提出尖锐的批评是不恰当的，除了从龙应台的行文中得知她对新加坡只有片面了解，但却提出不客观的议论。新加坡目前在各个领域所取得的成就是有目共睹的，不足之处虽然存在，但已成为许多国家学习的典范。将国家治理得井井有条，人民安居乐业也要受到"尖锐的批评"，这似乎说不过去。龙应台若是秉着高级知识分子的真诚与冷静，应该是以较负责任、较有善意的态度提出意见，不应该以语不惊人死不休的手法来引人注意。

二 伤了新加坡人的感情

龙应台行文中特别强调"给我再高的经济成长，再好的治安，再效率十足的政府，对不起，我也不愿意放弃我那一点点个人自由与尊严"。

文章的含义很清楚，即新加坡人在目前的政府治理下，生活得连"那一点点个人自由与尊严"也没有。

龙应台下笔时缺乏谨慎，伤了新加坡人的自尊。龙应台把上述的言论当成"关心"新加坡人是我们所无法接受的。

三 为什么枪口一致向外

新加坡人对政府的批评与政府的自我批评时常能在舆论上见到，只不过龙应台在这方面不甚清楚和没有适当的了解。"统一的护国之声"会令龙应台感到惊讶是十分正常的，若不是龙应台行文上的鲁莽和与现实不符，新加坡人又怎会如此地气愤呢？

新加坡人一向老爱在嘴里批评政府的各种严厉的政策，一旦从国外旅游或公干回家，或从新闻报道中得知世界许多地方纷乱不安，大家都觉得新加坡是一个不可多得的国家。一个移民组成的小国能在短时间里培养国人的归属感与自豪感，确是一项了不起的成就。

枪口向外是绝对正常的。

四　龙应台的文章有没有值得我们关心的东西？

详细分析龙应台的文章，可证明她并不是一个负责任、真诚且冷静的知识分子。首先，她在答复回应时，提出了六七个她认为值得我们关心的东西，而事实上，涉及范围这么广的论题，并不是三言两语便能得到结论的，况且在她千多个字的行文中，内容完全没有针对值得关心的东西发表意见。譬如，她并没有谈及亚洲与欧洲文化的差异。其次，她在文章中说："我不赞成将死刑犯五花大绑拍照……"我自新加坡独立以来，便在这里生长，从没听过死刑犯要被五花大绑拍照。龙应台信口开河，大胆假设，不是负责任的高级知识分子应有的作风。再者，我们的警察并没有当众羞辱丢纸屑的人的权力，龙应台的文章似乎有意在制造某种错觉，令人以为新加坡是个警察国家，警察拥有不受管制的权力，这并不符合事实。最后，龙应台在答复回应时说："惊讶的是，反驳我的人如此不假思索地与政府认同，作出统一阵线的反应……"她会作出那么肤浅的结论，实在令人十分纳闷。龙应台在答复时是否有重读自己的文章，是否知道自己在行文中犯了什么错误。若不是行文中有无中生有、夸大其辞，甚至恶意中伤的情形，又怎会反应是百分之一面倒的护国之声呢？

五　我很小，可是我不怕！

　　龙应台既然感觉到新加坡一贯的作风是："我很小，可是我不怕！"从这点就可以很清楚地说明新加坡这么一个小国，在国际间还拥有一份不可轻易被羞辱的尊严。龙应台喜欢强调尊严，一个小国在国际间能像新加坡一样拥有这样的尊严，是不多见的。

　　新加坡常在受批评与自我批评中不断求取进步，对于错误的政策，也能及时地纠正，这是我们重要的成功因素，国家如此，个人也是如此。对龙应台的批评，我们也应采取同样的态度。

我们厌恶不负责任的批评

陈敏明

东南亚并非蛮荒之地，东南亚广大的华文爱好者也欣赏唐诗宋词、鲁迅、巴金、金庸等名家作品，只要作品严谨有理性。查良镛先生年前来新加坡所受到的欢迎可见一斑。

从龙应台女士对《早报》读者批评的反应，我发觉她很容易凭直觉堕入她自己一厢情愿的结论里——我不明白她为什么会说《早报》读者对她的反驳是"不假思索地与政府认同，作出统一阵线的反应"，她可以批评反驳文章的文句不通，欠缺条理，但她不是我，怎么知道我不假思索地作出反应呢？

我是花了整整两天时间细读、分析、研究及思考《还好》一文，才执笔写出我的个人感受，我不是作家，而且我已经有二十年没有写过一篇中文文章，回应《还好》一文是我中学毕业以来的第一篇中文作文，我能不思索吗？在龙女士的回应中她说在写《还好》的时候，她的直觉是政府是政府，人民是人民，两码事；又说她批评的对象不是新加坡人，而是新加坡政府。可是又是谁说"新加坡人当然有充分权利依照他们的价值准则去过日子——什么样的人民有什么样的政府"，请问她的逻辑在哪里呢？

龙女士觉得奇怪，为什么对《还好》一文的反应是百分之一百一面倒的"护国之声"，我只能说她太不理解新加坡，太不理解新加坡人了。在《早报》转载了《还好》一文以后，在我周围的朋友确是百分之一百对《还好》一文持反对态度，他们之中有土生土长的新加坡人，也有国外居民，包括香港，以及马来西亚、韩国，他们都不是政府官员或有任何政党背景，他们只是对这种恶意攻讦感到气愤。

试想想，如果《还好》一文被翻译成德文，被一个从没踏足亚洲、对新加坡也不认识的德国人看了，他对新加坡会得出一个怎么样的印象呢？不难想象如果他相信《还好》一文的话，新加坡就是一个"政府指定国民怎么想、怎么说、怎么活、怎么做爱生几个小孩"的国家，可是事实如是吗？

我因业务关系，经常走访香港、台湾、中国大陆及韩国等地，也经常地被当地对新加坡情况不熟悉的朋友问道，"新加坡不准国民打麻将？""新加坡喝可口可乐要罚款？""新加坡不准卖干炒牛河？"等等。每次听到都不知道是好气，还是好笑。这些朋友当中，绝大部分并非对新加坡存有偏见，这些问题的答案是与否，对他们来讲都无所谓，这只是他们茶余饭后的笑谈而已。那为什么他们有这样的错误讯息呢，都是一些不负责任的传媒及专栏作家以讹传讹的报道所致。

龙女士说得对，谁没有资格批评新加坡？我相信在真理面前，人人平等（虽然有某些人自以为比其他人优越），只要是基于事实，任何人都可以批评。《早报》读者或大部分新加坡人对《还好》一文的强烈反应并不是她没有资格批评新加坡，也不是因她批评新加坡没有资格代表亚洲——这是一个见仁见智的问题，龙女士说新加坡没有这个资格，我们表示不同意，这都可以拿来讨论。令广大读者气愤的是她基于不尽不实的资料来攻击新加坡，这不是一个严谨、认真的知识分子应该做的。我们接受批评，因为新加坡不是完全没有问题，只要是实事求是，更尖锐、更苛刻的批评，我们也接受——但我们不喜欢，甚至厌恶不负责任、弄虚作假、哗众取宠的歪曲言论。拜托龙女士下次执笔前，请先备课。

"龙卷风"过后的省思

刘培芳

龙应台的文章《还好我不是新加坡人》发表的时候，我不在新加坡。回国后，还没来得及翻阅旧报，就觉得奇怪，到底发生什么大事，搞得龙应台变成新加坡芸芸众生的公敌？我去翻看旧报，于是恍然大悟：原来如此。

老实说，新加坡人是无须为这么一篇文章大发雷霆的。我看了《还好》一文后，除了感到龙应台执笔时有点急躁和冲动之外，倒觉得她是看出了新加坡的一些问题，而她接着发表的另一篇文章《我很小，可是我不怕？》，也提出了一系列可引人作深层文化反思的问题，虽然我未必同意龙应台在文中的所有观点。

对龙应台有点了解或是有读过她的社会评论文章的人，应该都会知道她一贯的行文作风。当年她的《野火集》之所以震撼整个台湾，正是由于她那支针砭时弊的笔，够尖、够辣、够狠。我还记得80年代中期的一次世界华文书展在新加坡举行时，《野火集》在书展上被抢购一空的情况。许多读者买不到书，还叮嘱书商为他们订购或到台湾采办。当时新加坡文化圈以赞叹和赏识心情，来看待这位女作家在台湾所引起的一阵旋风。

不料十年后的今后，这旋风变成一阵"龙卷风"，吹到新加坡。龙应台是因为读到我国外交部长贾古玛在德国出席欧洲和东南亚外长会议的演讲，对这位新加坡政府领袖和西方人对话时，"口气俨然以亚洲代言人自居"感到非常不舒服，因而有感而发，认为新加坡并不代表亚洲，她更由此列出许多她个人不能苟同的新加坡价值观，批判一番之余，十分庆幸自己不是新加坡人。

这篇文章原刊登在台湾的《中国时报》，也许龙应台没料到《早报》随后会转载，更没料到她会如此触怒新加坡人，引起他们纷纷投函报章反驳。为文、参与辩论的不仅是新加坡国民，还包括了来自中国大陆和香港的移民和马来西亚人。他们大多为新加坡的价值观、良好社会体制和国家的杰出成就而辩护。一位旅居本地的中国人还开宗明义声言："我想成为一个新加坡人！"

这阵"龙卷风"刮得好猛，争论之激烈，甚至使它成为最新一期《亚洲周刊》的"亚洲焦点"。我不想在这里争论新加坡能否代表亚洲，也不想对龙应台的论点及读者的回应逐点逐项加以讨论。我只想从这次的事件是否能触引我们做何种反思这个角度，和大家一同探讨。

"龙卷风"卷起，弄得人人躁动不安。风过后，大地恢复平静，我们是否就把这事置诸脑后呢？

自然现象中的"龙卷风"，可能引起海啸，可以造成天灾人祸。而我觉得，这次龙应台卷起的风浪，对我们来说应该是件好事。她警醒我们，别人可以对我们有不同意见，可以用不同角度来看我们的问题。我们应该为新加坡这些年来的建国成就感到自豪，却不表示我们就可以掩着耳朵不听别人的批评。

独立三十年，当我们的国家取得繁荣、稳定和发展之后，我们应该逐渐走向成熟，我们应该可以培养出足够的气度、宽阔的胸襟，容纳不同的看法和言论。如果别人的批评不符事实，或歪曲真相，我们应该严厉驳斥；但假如有关批评是诚恳的、是出自善意的关怀，哪怕是笔调再辛辣、再煽情，哪怕是声音再尖锐、再刺耳，我们都应把它们视为一种有助于我们改进、有利于我们成长的激素。谁又能忍受别人往自己的伤口上撒盐？但如果那不是盐，而是刺激我们大脑神经去思考的动力，我们应该可以从正面的、积极的角度去对待它。

社会批评有时是越尖锐越好的，击中要害的论点，最激发反思。四平八稳、面面俱圆的文章，教人看不到立场，也缺乏个性。

龙应台觉得奇怪："为什么没有不同的声音？"她还问："不同的声音出不来？"龙应台在 1991 年来过新加坡，参加过国际华文文艺营的讨论，虽然她对新加坡各层面的问题没有很深入的了解，但作为一名社会批评家，她有她一定的观察。

"为什么没有不同的声音？"我们自己是否也常常反思这问题？

虽然新加坡比许多发展中的新兴国家幸运，但在建国发展过程中，我们所走过的道路也不算太平坦。兴邦建国之初，为了稳定和发展，我们需要有统一的声音，好团结及巩固国民的力量。如今，我们是否已到了可以来个包括不同音阶、不同音色的大合唱时代呢？

只要开腔发音之前有个定音，只要我们拥有一个主旋律，那么，包含不同音阶、音色及音域的合唱曲，会不会更优美、更好听呢？这是"龙卷风"吹过后，我一直在思索的问题。

我们应学习接受批评

蔡再丰

如果一个人愿以真诚、善良作为出发点，则他的批评与建议，是值得冷静去思考与探讨的。即使他的批评与建议有偏差或错漏，我们也应该以谅解与感谢的心情，来冷静地分析和讨论，甚至拨出时间来研究、沟通、印证。这样，才会进步，才会得益。

新加坡不是没有真正诚实的知识分子，肯冷静、尖锐地探讨龙应台女士所提出的问题。其实，几篇发表在"交流"版的文章，也不能代表众多新加坡人的心声，所以，也就不该有"护国之声"这码事了。

我同意，正如龙女士所说的：在华文的大世界里，我们是平等的，既然是平等的，我们便可以有自由的机会，平等地说话。学术探讨，"真理"争论，不应偏私，更不该做人身攻击，或说出"赌气"等没有修养的言词。

国家主权、文化冲突、东方思想、西方自由、欧洲人观点、亚洲人价值观……这些都是生活在角度不同的人所产生的不同角度的看法，或者，都各有道理，都没有错。也没有必要争论以何种标准作为定论。

我要说的是：（个人的看法）新加坡真正诚实的知识分子比较保守，比较懂得明哲保身。他们愿意把更多时间花在谋生，花在教育子女身上，花在建设美好的家园。

新加坡也并不缺乏优越的华文知识分子，在短暂的岁月里新加坡能有今日的辉煌成就，也多靠这些华文知识分子坚强的努力、默默的耕耘、不断的创造、无比的斗志。

我个人也深觉，目前我们并不需要"外人"来"宣慰"和"照顾"，毕竟，我们的艰苦已一一熬过去了。不过，我个人倒盼望有更多的"华族"艺术、戏曲、音乐、舞蹈、武术等来本地活动。

称颂、赞美，对人说奉承好听的话，是很容易给人接受的。批评、忠谏，即使是善意的指责，也会给听的人感到厌恶而发出抗议，这是人性的弱点、人的通病，是应该改变的。

亚洲或欧洲，非洲或美洲，地区不同，气候不同，文化不同，生活习惯便不同，管治方法便不同。智者和聪明者，是向别人学习，取长补短，求自己进步，而不是去攻击别人，伤害别人或企图征服别人。

活在各个不同地区的人，需要的是什么？争取的是什么？追求的又是什么？这也有不同点。当然，自由是最可贵和最多人追求的，但是，还有富裕，还有财宝，还有亲情……

统治者用什么法则治理广大的群众？什么法则更适合？什么是对与错？历史会给予证明。

中国"百花齐放"与"大跃进"的口号已成为过去，"文化大革命"的灾难也如明日黄花。目前在西方国家流行的性与贪污的丑闻，还有毒品泛滥的灾害，非洲国家的饥饿与战祸，还有印尼森林大火无法扑灭的悲哀……身为知识分子，值得关心的东西太多了，值得写的东西太多了。

　　政府是政府，人民是人民，两码事，这是真理。龙应台女士毕竟是一个敢发言、敢批评的人。是的，文化批评像作文，不只要问谁写得好，还有，谁"写得真"、"写得善"！

辑三

啊，上海男人！

初 识

——给上海读者

第一次面对面见到我的大陆读者，是在一个北京派出所里头。湖南来的哥哥让人骗走了钱，我到派出所去为他说明，发现警察正看着《野火集》。一个面貌清秀的年轻警察，问我："自由太多了，社会不乱吗？"

第二次，是在从湘西驶往长沙的软卧车厢里。文质彬彬的年轻乘客告诉我他们当年在大学里传阅《野火集》的情形。

我真是好奇极了，对我的大陆读者。他们是谁？

台湾读者，我当然熟悉得很。一次新书发表会就可以告诉我：他们大约是十七岁到七十岁之间的人，高中大学程度以上：在学大学生居多数，但是社会中的老师、工程师、记者、法官，各行各业都有。女性多于男性，然而六十岁以上、白发苍苍的老先生不少，老太太却几乎没有。

我也可以大略解释这个读者群结构。读者教育水平偏高，是因为书的知识性格。女性多于男性，尤其是二十五至三十五岁之间已经就业的女读者，稍超过相对的男读者，大约是因为，在台湾的社会形态中，男性一旦离开学校就进入所谓事业的战场，不再有看书的时间；女性的"战场"意识较淡，即使就业，却仍注重个人内在的发展。台湾的出版人也知道，买书的多是女性。

为什么老先生读者不少，老太太却不见呢？我只能猜：老先生读者常来信和我谈国家大事，老太太或许因为是上一代的女性，读书的习惯和兴趣与我所关心的题目没有交集。

但是我认识我的台湾读者。他们在中学里背诵过"青年守则"：助人为快乐之本、忠勇为爱国之本……他们在大学里朗诵过《诗经》："七月流火，九月授衣。春日载阳，有鸣仓庚……春日迟迟，采蘩祁祁……"他们早上在巷口买套烧饼油条当早点，晚上也许和朋友吃日本料理。他们对台北这个城市既厌恶又深爱不舍，他们对政治既乐观又批评不已。他们在知识和观念上走在世界的前端：女性主义、现代主义、后殖民主义、解构和后解构主义。在生活的实践中，他们却清楚地看见自己的脚步印在传统的土壤上，一步一徘徊。

他们在茶馆里品茶；在酒吧里喝酒；在书店里浏览；在小心翼翼地过马路，牵着孩子的手；在计程车里听司机破口大骂政治人物；在机场，提着简便的行李……是的，我认识他们，就像一起长大的街坊邻居一样。

但是我的大陆读者是谁呢？

上海文艺出版社给了我一个机会。5月1日的签名会上，我终于见到了我想见的人。

队伍太长，对每一个读者我只能深深地看他一眼，把面貌和感觉摄进印象里，然后问他的职业。读者显然也知道我们见面之不易，有人从南京、无锡乘火车赶来，有人带了礼物：一首诗、一副对联、邮票、卡片、装饰品……一个年轻人说："读了你的《我不站着等》——"

他停顿一下，继续说，"觉得很惭愧，但是想告诉你，大陆人不都这样的。"

我说："我知道。"

他弯身去摸索一个塑胶袋子，取出一束鲜花，递给我："早上挤公共汽车，就怕把花给挤坏了……"

我接过花，轻嗅花的香气。电视台的录像记者正拍着别处，急急赶了过来，对年轻人说："请你把花拿过来，再献一次好吗？"

年轻人断然拒绝："这是我真的感情，不表演的，没有第二次。"

我仍旧捧着鲜花，看着他走开的背影。

两个半小时之后，我终于也认识了一个轮廓：我的大陆读者，是十七岁到七十岁之间的人，高中大学程度以上。大中学生居半数，但社会中的老师、工程师、干部、图书馆员，各行各业都有。白发苍苍的老先生不少，老太太却几乎不见。

和台湾不同的是，读者中有好些个所谓"蓝领阶级"：工厂工人、厨师、司机。最奇特的是，男性多于女性。

为什么？我求教于上海朋友，为什么在这里男读者远超过女读者？上海朋友半诙谐半正经地说："大概因为台湾还是一个文化比较传统的社会，男人是主导的、强悍的，而大陆的男人已经没有那种优势，比较柔弱。你的文字，对不起，是比较阳刚的，所以比较吸引男性读者吧！"

我很怀疑他的分析，但是，谁能给我更好的答案？

在华灯初上的外滩，我看见情侣在江岸上相依而坐，脸上有恬然遗世的神情。拥挤的公共汽车在南京路上停停走走，我看见被生活折旧了的脸孔贴在玻璃窗上，疲倦而木然。和平饭店前有西装革履的男人，福佑路市场里有捧着大碗吃饭的女人。城隍庙前有人依着画廊雕柱对镜头做出粲然笑脸。

我还是不认识我的读者。他们经过了什么又看见了什么？他们害怕着什么又追求着什么？他们有什么样的幻灭又有什么样的梦想？不曾和他们一起成长，我无从想象他们生活里的点点滴滴。可是在那长长的队伍前端，我们曾经深深地对望；回想那对望的一刻，或许我们竟是熟识的。写作者在孤独中写作，读书人在孤独中阅读，那孤独其实是种种情怀的交会。文字之所以有力量将不同世界的人牵引在一起，是因为不管他们经过了什么看见了什么，在心的最深处，他们有一样的害怕与追求、相似的幻灭与梦想，午夜低回时有一样的叹息。

我们毕竟在同一条历史的长廊里，或前或后；鲜花释出清香，像丝带缭绕。

啊，上海男人！

我是一个台湾女人，在美国和欧洲生活了二十年。从俄罗斯到南非、从以色列到菲律宾，全走遍了；以为这世界上能让我真正惊讶的事情大概已经没有了，直到我认识了上海男人。

在十年前开始阅读大陆文学的时候，印象最深刻的不是"民族苦难"、"十年浩劫"什么的，而是，咦，怎么小说里下厨烧饭洗碗的以男人居多？瞄一眼我的书架，随便抽出一本翻翻：你看，夫妻俩要请客了，"13日一早，周敏起了床就在厨房忙活"。这周敏可是个男人。"因为临时居住，灶具不全，特意去近处旅馆租借了三个碗、十个盘子、五个小碟、一副蒸笼、一口砂锅。"周敏紧接着开始剖鱼，他的女人就试穿上一套又一套的漂亮衣服，化妆打扮。这样的情节在台湾的小说里可难找到，台湾作者要编都编不出来。

社会主义教出来的男人还真解放，我记得自己暗暗惊叹。

在海外见到的大陆女人，说得夸张些，个个抬头挺胸、骁勇善辩，没有人认为应该牺牲自己去成全丈夫的事业。资本主义社会里的谚语，"每个成功的男人背后有个温柔的女人"，不能用在大陆女人身上；她们昂首阔步地走在前头，不在男人的阴影中。相形之下，台湾女人处处流露出传统"美德"的痕迹：温良恭俭让，样样具备。仪态举止上仍讲究"巧笑倩兮，美目盼兮"的羞怯。自己的事业一不小心太顺利时，还觉得对男人不起，太"僭越"了。

瑞士的女人不久前还没有投票权。德国的女人，婚前也许雄心勃勃，一旦有了孩子就发现幼儿园、小学、中学都只上半天课，下午她就得留守家中做保姆、清洁妇、厨师、司机兼园丁，而这些工作又全是无给职。她变成一个伸手向男人要生活费的配偶。德国女人是欧洲有名的贤妻良母，为丈夫子女牺牲自己的事业不仅不被当作美德，简直就是女人应尽的义务。走过德国的小村镇，你可以看见一户一户的女人在晒棉被，擦窗玻璃，擦呀擦呀擦得一尘不染，等着男人回家来夸奖。

所以我对大陆男女关系的平等是有心理准备的，只是没有想到上海男人在大陆男人中还自成一格，是一个世界稀有的品种。

在一个陌生的城市里，只要侧耳听听人们飞短流长地说些什么，大概就可以探知这个城市的文化特质。走进安徒生的家乡，你会听见人们窃窃私语，小美人鱼如何受父权压抑，不让她追求爱情。走进格林兄弟的小镇，你会听见人们如何议论灰姑娘辛德瑞拉的后母。走进李昂的"杀夫"小村，你会听见人们耳语妇人林氏如何被丈夫毒打强暴。而不分古今或中外、童话或写实，流言中被虐的都是儿童和妇女；《二十四孝》是一部儿童被虐史，《烈女传》是一部妇女自虐记。但是在 20 世纪末的中国上海，你说奇怪不奇怪，流言的主角竟是男人，被虐待的男人。

某人被妻子赶了出去，在黄浦江边踱了大半夜。房子是妻子的单位发的，所以女人指着门叫他走，他就得走。某人在外头有了情人，妻子便让他每天趴在地上拖地，来来回回地拖，直到他一只手脱了臼；没关系，装回去，再拖。某人有一天回家晚了，发现他的写字桌、书籍、衣物被妻子扔在门外，像丢垃圾一样。某人想离婚，女人就把水果刀按着手腕威胁自杀，男人遂不敢再提离婚，但女人从此每晚强迫男人向她求爱⋯⋯

"男人——"我小心翼翼、结结巴巴地问，"男人——也可以被被被强迫吗？"我并没有那么无知，可是我们是在说上海男人，情况也许特殊些。

"怎么不可以？"亲戚轻蔑地别我一眼，继续说，"小张每天都像死人一样去上班，再也没力气要离婚。他老婆还揍他呢！"

哦！那么上海男人和瑞典男人差不多吧？在国外的报道曾经读到一份联合国发出的文件，说是瑞典男人被妻子殴打的情况普遍，呼吁瑞典人成立保护男人组织，拯救被虐男人。在欧洲，瑞典的男女平权被认为是最进步的。为什么当女权得到伸张的时候，男人就取代女人成为受虐者？难道两性之间无可避免地必须是一种权力的斗争？我来不及深究，因为眼前这个上海男人正兴高采烈地告诉我他怎么怕老婆。

我爱我老婆呀，她叫我做什么，我就做什么，他说起来眉开眼笑。旁人七嘴八舌地催他，讲讲讲，讲你怎么上厕所。他就说，老婆爱干净，不准他用身体去碰马桶，所以他总是双脚蹬到马桶边缘去办事的。有一次，一个打扫厕所的老太婆，从外头往下看，哎呀，他脚不见了，就一面叫骂，一面用拖把打门；他不为所动，老婆的命令，不下来就是不下来。

和一个文化界的朋友午餐。吃了一碗蚂蚁汤之后，他开始吐露一点婚姻上的苦恼。"你别看我在外面好像还是个挺重要的人，"他擦擦额头的汗，"在家里呀，我什么都不是。"第二天我们要一起参加一个会议。"我老婆叫我提早赶回家去买菜做饭，她有个亲戚要来看她。"

他摇摇头，愤愤地说："我才不赶回去呢！是她的亲戚，你瞧瞧。"第二天，会还没完他人已不见。别人不知他到哪儿去了，哈，我知道。

接着是表姨要我到她家去吃午饭。我当然要她别麻烦，出去吃好了。不麻烦，不麻烦，她说。到她家时，饭菜已热腾腾摆上了桌，表姨和我坐下来吃，厨房却仍乒乓作响，是谁在做菜呢？

端着热汤走出来一个年轻男人，表姨介绍，是她将来可能的女婿，一个工程师，刚巧从外地来访，所以要他下厨。果真不麻烦。

吃过饭之后，是这个男人收拾碗筷，清理厨房。

清洗之后，他陪我们两个女人逛街看衣服店。逛街的时候，他跟在我们后头，手里的大包小包一包比一包重，走了一个下午。

"你说嘛，这种情况，"回到台北，我问一个在大学里教书的朋友，"在台湾可不可能？"

她并不回答，却若有所思地边想边说："我想起来了。我在上海借住在一对不怎么熟的夫妻家里。有一天出门回去的时候，发现男主人把我换下来的内裤都给洗了，晾在阳台上。我大惊失色。"

"现在，我明白了，"她微笑起来，"上海男人嘛！"

我也明白了。上海男人竟然如此可爱：他可以买菜烧饭拖地而不觉得自己低下，他可以洗女人的衣服而不觉得自己卑贱，他可以轻声细语地和女人说话而不觉得自己少了男子气概，他可以让女人逞强而不觉得自己懦弱，他可以欣赏妻子成功而不觉得自己就是失败。上海的男人不需要像黑猩猩一样砰砰捶打自己的胸膛、展露自己的毛发来证明自己男性的价值。啊，这才是真正海阔天空的男人！我们20世纪追求解放的新女性所梦寐以求的，不就是这种从英雄迷思中解放出来的、既温柔又坦荡的男人吗？原来他们在上海。

"我才不要上海男人呢！"二十五岁的上海读者翻起白眼，一脸不屑。"长得像个弯豆芽，下了班提一条带鱼回家煮饭，这就是上海男人。我要找北方人，有大男人气概。我就是愿意做个小女人嘛！"

我怜悯地看着她光滑美丽的脸庞，很想告诉她：年轻的女郎，为这大男人气概，你可得付出昂贵的代价，那就是你自己的生命发展。你不知道天下最宝贵的男人就在你的身边呢。

我没说，只是带着一大团困惑离开这迷人的城市。上海的男女真平等吗？不见得。只需看冰山一角：我接触的是上海的所谓文化精英——碰来碰去都是男人，和在台北，在德国、美国，没有两样。也就是说，在公领域里，社会的资源和权力仍旧掌握在男人的手里。上海女人说起来如何厉害、如何能干，显然还局限在私领域中。两性权力分配的均匀只是浅浅的一层表面，举世皆然。

而那二十五岁的女郎对大男人的向往，并不是轻易可以嗤之以鼻的。美国诗人罗伯特·布莱所写的《铁约翰》成为畅销书，可能是因为他提出了一个令许多男人女人困扰的问题：

解放的男人、温柔的男人、不以帮女人洗内裤为耻的男人，当他们发现女人竟然开始嫌他们不够男子气的时候，何去何从？而女人，穿上男人的衣裤，跨着男人的大步，做男人的"同志"与他并肩开辟天下，当她们发现男人竟然开始嫌她们不够女人味的时候，又何去何从？

在上海，被男人养着玩儿的"金丝雀"、包二奶、小女人又开始出现了，好像历史又往来时路倒着走。两性之间究竟是否脱离得了控制与被控制的关系模式？男女平等、互敬互爱的前景究竟是什么呢？

骑着单车、拎着带鱼回家的可爱的上海男人，是不是也正想着这个问题，心里有点忧郁？

后记：此文在上海《文汇报》刊出后，引起轩然大波。"上海男人"纷纷打电话到报社大骂作者"侮蔑"上海男人，上海男人其实仍是真正"大丈夫"，云云。

也说 "上海男人"

陆寿钧

　　龙应台的大作《啊，上海男人！》让我惊讶的是：作为一个很有学识的人，怎能以地域划分来笼统地评说人？！

　　我向来不赞成以地域划分笼统地对人，对男人、女人去概括出个特征来进行褒贬评说。我们应该面对事实：每一个地域的人，每一个地域的男人与女人，在性格、处世特征上并非都是划一的，也不可能是划一的。上海男人与外地男人一样，有婆婆妈妈的，有窝窝囊囊的，也有豪爽大度的，事业性极强的，很难用一个划一的说法去概括他们的特征。我想，台湾人，台湾的男人和女人也是如此。龙应台说："台湾女人处处流露出传统'美德'的痕迹：温良恭俭让，样样具备。"对此，我只能报之以一笑，且不说台湾报刊上天天都有与此相反的报道，就拿一开头就声明"我是一个台湾女人"的龙应台来说，倘若果真"温良恭俭让，样样具备"的话，就不会到上海的报纸"横扫"上海男人了！

龙应台以在上海的所见所闻，举了不少上海男人如何"怕老婆"，也就是本地人戏称的"气管炎"（妻管严）的毛病，我也只能报之一笑。诚然，这些事例虽不免在传说与行文时有所夸大，应该说还是在上海的一些男人中存在的，但绝不能就把它划一地看成是上海男人的"特产"了。就在这些事例中，龙应台也不免被一些表面现象所迷惑。上海不少把"怕老婆"挂在嘴上，或装作"怕老婆"的男子，实际上是并不怕老婆的，这只是他们在夫妻关系中的一种善意的"谋略"。上海男人中的一些人与其他地方男人中的一些人一样，有他们的复杂性。

　　龙应台"在美国和欧洲生活了二十年"，在世界上走遍了不少地方，当然是个非常解放的女人，所以，她在列举了上海男人的家务，不与老婆争高低等等"特色"后，仍然觉得"上海男人竟然如此可爱"。其实，在男女平等的社会主义精神文明的熏陶下，上海的男人与女人早已不把这些当作一回事了，为什么家务事必须都是女人做呢？一个真正的男子汉为什么要落到去与自己的老婆争高低呢？上海舆论衡量一个男人有没有男子气，主要还是看他在社会生活中是否活得堂堂正正，并不在于在家中做不做家务和是不是与老婆逞强。看来，龙应台的"解放"与我们的解放还是有区别的，或者说，我们的解放已越过了她那后面的"解放"。当然，在上海的男人与女人的关系中，不免还存有某些阴暗之处，但绝对不是如龙应台看作的"好像历史又往来时路倒着走"。绝大多数的上海人，不管是男人还是女人，对男女平等、互敬互爱的前景还是十分乐观的！

　　因此，我也不同意龙应台似乎是透过现象看本质的一段话：

"上海的男女真平等吗？不见得，只需看冰山一角；我接触的是上海的所谓文化精英——碰来碰去都是男人，和在台北，在德国、美国，没有两样。也就是说，在公领域里，社会的资源和权力仍旧掌握在男人的手里。上海女人说起来如何厉害、如何能干，显然还局限在私领域中。两性权力分配的均匀只是浅浅的一层表面，举世皆然。"我们暂且不去广泛地列举，也暂且不去理会"所谓"两字，就拿上海的文化界来说吧，用一句上海话来说：女作者、女记者、女导演、女学者何其多呵！上海肯定还存有男女不平等的事例，但并不能就此断定上海男女不平等。

我并不是个正宗的上海人，只是在上海生活了那么多年，才对上海，上海的男人和女人，看出了一些道理来的。我想，龙应台如能多来几次上海，她的看法会真正深入下去的。

欢迎您，龙应台，多来几次上海吧！

理解上海男人

吴正

通常，我的创作习惯是只执着于自我感受而很少遭到外界什么因素干扰或者引诱的。然而，这次的例外是在我读了龙应台女士的那篇《啊，上海男人！》之后，我不知道自己是否成了她描声绘色之中的某一个，但有一点应无疑义，那便是：我就是个地道的上海人——上海男人。我笑眯眯地对自己说，也来一篇吧，作为对龙女士娇声一呼的某种回应，充当回音壁。当回音壁有时是很有乐趣的。

虽然，拎带鱼骑单车回家的形象并不适合于我，但毕竟，我们都是流动着相同性格血型的一群。近百年的传统加上三十来年的革命化，男女平等的教育会造成一种什么样的上海男人的心理顺从，我答不上；上海男人在世纪初率先接受文明，世纪中适应社会转型，世纪末重新投身开放热潮的种种不寻常经历终将把它铸造成了一个特殊的性别种族。经济地位、江南性格以及文明熏陶，这是构成上海男人的三道鲜明的性格光谱，所谓小男人只是一种肤浅不过的理解，上海男人的生命哲学是尽可能地礼让出生活上的种种细节来满足他们的所爱者，从而为自己换取更广大的事业的思考空间——而这，不就正是上海男人的高明之处？我们很可能缺乏伟岸的体魄，叠叠的肌块以及"黑猩猩捶打自己露出毛发的胸脯来证明其存在价值"时的那种声嘶力竭，但我们却有强大而安静的内心境界。上海从前是，今天又再次成为全国乃至世界的文、经重镇，与上海男人的这种性格内质不无关系。只有傻瓜才会将性别视作什么可供自豪和自居不凡的东西——世界上不就是除了男便是女的两种性别？这便是我们所理解的大小男人主义之间的辩证关系。

然而，我相信龙女士也是理解这一切的。她是个干练和充满了男性化果断和机敏作风的女人。我与她有过若干次兴致高涨的交往，在文化界人士聚会的饭局上，她谈兴热烈真挚而开放，与她笔下的那位有着光滑美丽脸庞的，芳龄二十五的，说是希望将来能嫁个北方大男子汉的汪汪女子大相径庭。当然，向往外形上的阳刚与伟岸，这是每一个女性的心理秘藏，只是如龙女士所言，为着这种单一的追求，日后的你会不会因而付出昂贵的人生代价？外国究竟如何咱不敢说，单在中国，男人盘腿炕头饮酒喝茶斗鸡玩蟋蟀闲扯瞎聊打老K，而让老婆下田喂猪抬水背石，完了要以最快的速率换好小孩的尿布再炒几碟小菜端上桌来侍候他们，一旦干不好，还可以揪着女人的头发来个兴师问罪的北荒南乡之地至今还有不少。这种令上海男人们瞠目之后外加摇头的原始以及不开化绝不是单以"民俗"两字的解释便可以一笔加以抹杀的，这正是该类区域在能见的将来还不能那么快地摘去贫困之帽的标志之一。然而，上海不是这样，在这座文明与繁华的国际大都市中，男女性别都等值在同一水平线上，各尽其职。龙女士已细致观察到了所谓文化精英乃以男性居多的事实。其实，"武化"还是"商化"的精英又都以哪一种性别为主，这是在两性单独相处相悦相濡之时发挥出来各自的性别特长。在一个文明合理先进的社会中，凡强者，不论男女，都有竞争至社会最前列的权利，美国如此，香港如此，上海，也如此。上海，于是便在龙女士的笔下被唤作为了一个"迷人"的城市，难道在这"迷人"之中就不包括上海男人这一项精美而别致的人性软性？——我想，这是龙女士的一句并没有说出了口的肯定。

其实，最深刻了解上海男人的还是上海的女人。她们是她们男人们的一种背景，一擎支柱以及一湾避风港。她们在生活细碎上所表现出的"昂首阔步"只是她们间接顺从的一种变奏，她们才是上海男人最佳的精神与事业拍档。在上海，惧内不会被人真正地笑话（上海人的一句口头禅是："怕老婆发财个呀！——"），而相反，欺妻与虐妻倒被公认为一种耻辱，一种外烫内寒的懦夫行为。上海夫妻的恩爱秘诀是心照不宣的感情互动以及精神体贴——诸如那段替老婆洗内裤的细节，不论龙女士添此一笔的色香味的内定搭配究竟意欲何在，倒恰好凸现了上海男人对于爱情以及两性相处艺术上的某个殊殊视角与思维，因为爱，有时是需要带点儿"肉麻"的。

当然，我们是不能对龙女士提出如此高的理解要求的，因为正如她自己所说，她是个台湾女人，且还在美欧俄菲什么的生活了多年。待到她发现了这个形如"弯豆芽"的"可爱"的上海男人一族时，她已是两个孩子的母亲啦。于是，对于那个"弯"字之中所可能蕴藏着一股怎么样的韧性与张力，她便也永久失去了可以在共同生活之中加以全面观察深刻体会的机缘。那天，已经很晚了，我太太突然接到了她的一位旅港的福建女友打来的电话：“告诉你一个好消息，我妹妹她出嫁了！——”“恭喜！恭喜！”

"……她嫁的也是你们那同一种人……”“什么？——同什么一种人？”“我说的是，她也嫁了个上海男人！”其口吻之兴奋犹若捡到了一件意外的宝藏一般。电话挂断之后，妻子如实地告诉了我她们通话的内容，她的神情平静且充满了理解。“我们送她一份厚礼吧。”我点点头，并不太有要将话头说出口的意图，因为此刻我正在心中嘀咕着：所以，不是我说，能嫁个如意的上海郎君，也是当今女人的一种福分呢，真的。

捧不起的"上海男人"

沈善增

　　有朋友来电，说"龙旋风"刮上门来，一篇《啊，上海男人！》，把沪上的须眉一笔横扫。于是我去找那篇文章来看。原以为是篇火辣辣的檄文呢，不料却读到了一篇很缠绵悱恻的祭文。龙女士祭的是她心目中理想的男子形象，从那深自失落又强颜调侃的语调，我推测，这甚至可以说就是她的整个人生理想。因为从理论上说，"20世纪追求解放的新女性所梦寐以求的，不就是这种从英雄的迷思中解放出来的、既温柔又坦荡的男人吗？原来他们在上海"。然而在感情上，她又不能不觉得这样的男人"不够男子气"。鱼与熊掌不可兼得，于是她"只是带着一大团困惑离开这迷人的城市"。所以她其实无意开罪上海男人，她与之过不去的是那个长久盘踞在她心头理想男人的偶像。

　　文章的后面提出了一连串的困惑，很有点像祭文里此岸的人向彼岸的灵魂发出无望的呼唤。

譬如她有意无意地将男人下厨（大陆叫"围裙丈夫"）与惧内（她叫做"男子被虐"）混为一谈。

男子下厨，是中国大陆特有的经济生活条件（女子普遍就业，男女同工同酬）及生活习惯（以饮食为生活主要节日，以烹饪为生活主要艺术）造成的有中国特色的家务分工形式，与女子是否占有家庭乃至社会的话语权，或从男子方面说是否"惧内"是两回事。下厨的男人不一定惧内，惧内的男人不一定下厨。下厨是主动尽责，惧内是被动受压这一点，龙女士一上来是分得清楚的。她认定上海男人"是一个世界稀有的品种"，就因为她觉得上海男人不仅下厨而且惧内。但说着说着，她又把这两件事扯到一起了。这也是可以理解的，因为她太需要证明上海男人的甘心被虐了。

男人惧内，是个历史悠久的话题，比男人下厨不知要古老多少年，比20世纪的"女权主义"运动也不知要古老多少年。"河东狮吼"一语典出北宋，不说世界，至少中国士大夫惧内是有优秀传统的。如果说"20世纪追求解放的新女性"忙乎了半天，炮制的女性话语权等种种理论，不如干脆嫁到中国来，即使在中国女人缠小脚的时代，还不乏惧内的大老爷们。所以龙女士惊讶地发现梦寐以求的男人原来在上海，这实在是她的一厢情愿的错爱。难怪聪明的她后来又要追问："上海的男女真平等吗？"真正惧内的男子，一般都未能修炼到超然物外、不以其为耻的水平。而在人前宣讲、夸耀自己惧内的，他的惧内就很可疑。有的是从反面来显示自己的绅士风度，因为他觉得追求解放的新女性欣赏惧内的男人，故而投其所好，表演一番，难说没有些"肉麻当有趣"的成分。有的则可能是在为另觅新欢制造舆论，甚至可能是有针对性地下诱饵。龙女士游历过世界，见多识广，按理不应该被这些从古到今男人惯用的小花招所迷惑，因此我要说她是情愿受骗。

总而言之，下厨的上海男人像中国大陆其他地方的男人一样较为普遍，惧内的上海男人也像中国乃至世界（如瑞典）其他地方的男人一样不是没有，但自成一格被尊为"世界稀有品种"的上海男人则是龙女士有意无意的虚构。虚构这样的"上海男人"，是为了向她自己证明些什么。但因为内心的矛盾，导致逻辑的混乱，结果非但证明不了什么，反倒多了一大团困惑。

真正的上海男人到底如何呢？我是生于斯，长于斯，入兰芷之室，久而不闻其香，入鲍鱼之肆，久而不闻其臭。借龙女士的眼光旁观一下，我觉得上海男人在适时求变，不受传统的乃至陈腐的观念束缚方面，自有其优越之处。上海男人不会脱离现实环境，去追求几千年一贯制的"大丈夫"价值，死要面子活受罪，弄得自己很痛苦。上海男人也不会因为20世纪末的新新女性又转而欣赏"大男人气概"，立刻急吼吼地去向"黑猩猩一样砰砰捶打自己的胸膛，展露自己的毛发"的男人看齐。上海男人是比较务实的，不为传统观念而硬撑，不为讨好女人而强扭。认准黑格尔老头说的至理名言："凡现实的都是合理的，凡现存的都是会改变的。"以一颗平常心处世居家过日子。所以大多数上海男人活得心安理得，一点也没察觉到自己已变成世界稀有品种，奇货可居。龙女士在文章最后对上海男人殷切期望："骑着单车、拎着带鱼回家的可爱的上海男人，是不是也正想着这个问题（男女平等、互敬互爱的前景——笔者注），心里有点儿忧郁？"一般来说，那期许是要落空的。在大多数上海男人看来，这个问题并不成其为问题，他们则实在太忙，没工夫去操这份闲心思。

啊，上海男人，你们真是捧不起的刘阿斗啊！

说 "横扫"

——关于 "上海男人" 的是非

冯如则

在《笔会》上先后拜读龙、沈两位关于 "上海男人" 的文章，放下手中活计来插上几句话。

恕我直白：两位的文章恐怕都犯了一个忌讳——以偏概全。沈先生笔下尤其多一点儿情绪。这恐怕是不必要的吧？

我猜想龙女士手中并无统计资料，那又何以认为上海男人——至少是近半数乃至过半数？——都下厨房呢？而且，人人吃饭，男人也吃。既要吃，为什么就不作兴下厨房或也下厨房呢？

沈先生解释男人下厨的原因，其一是女子普遍就业、男女同工同酬。我以为这 "酬" 字别有一点说道：所同者是低酬。一人的低酬不能养家活口，于是只得 "同工"（妇女解放的大问题此处不论）。而这 "工" 也别有一点说道。我们几十年来的传统不是家务劳动社会化而是社会劳动家务化。近些年来虽很有改善，从而也给改革记分，做饭自然复杂而费时间，所以既需同工于社会，又需同工于厨下也。否则，一顿晚饭吃到什么时候去？

此为龙文之偏。

沈文也偏："总而言之，下厨的上海男人像中国大陆其他地方的男人一样普遍。"近千万平方公里的国土，大半是乡村；那儿的男人下厨房的"普遍"程度能和上海或其他城市相比？我也是没有统计数字的，但猜想情况恰好相反：肯去厨下"同工"者恐非多数。又相反，恐怕打老婆倒不罕见。

这里且岔出一笔，请求讨厌"老婆"一词的女士先生们理解：我无法说"打爱人"——既非"打情"，又不是出于"心疼"，"打"和"爱人"弄到一起，岂不荒诞？而且"爱人"一词无性别，竟不知谁打了谁也。

沈文以下继续"总而言之"说："上海男人不会……上海男人也不会……上海男人是比较务实的……"这一串"上海男人"之前既无确数又无约数加以限制，那就是指全体了？那可能么？所以我以为沈先生有点动情绪了。

我以为说话作文，切忌"一笔横扫"，以免误导。去年某报刊文，说西部某市妇女特爱浓妆艳服而又不得其道，令人反感。结果倒是文章本身令人反感，连编辑先生似也陪着做解释。这可为一例。眼前的争论也可为一例吧？再一例：稚年谈过一本书，叫《从一个人看一个新世界》。于今思之，不觉惘然：叫我怎么看呢？

沈文剪贴在手边，所引有据；龙文却没有。《笔会》办"龙应台专栏"，我以为是个好主意，不但读，而且剪，好端端的一张报纸多次剪得支离破碎，这个专栏是原因之一。这次却未剪贴，因为——读者真诚反馈，龙女士不以为忤吧？——该文虽也写得漂亮，却有些我不赞同的东西。但因此也就无法详引了，就此一并说明。

乱谈"上海男人"

张亚哲

上海男人的浅笑的确是尴尬，上海男人的愤怒如陆寿钧对龙应台也始终挽不回已如三丝春卷皮似的颜面，即将欲说还休的矜持堕落为怒发冲冠的孟浪，是再犀利的文字也回天无力了。怪只怪"上海男人"这有些惊天地、泣鬼神的牌坊。

坊间话语如陆寿钧的绅士措辞，清淡地无法察觉微澜死水。龙应台女士能惠顾上海男人这温柔雅趣确能证明男人之于上海，上海之于男人，总有那么些汗渍于奶渍，奶渍于血渍，是不可脱离了干系而春梦了无痕的。

想起这个阴盛阳衰得很有些无所谓的城市，想起张爱玲笔下的佟振保，王安忆笔下的程先生、毛毛娘舅各色人等，是有些苍凉人世的泪可垂，情妇无恨的气可叹。倒突然觉悟涌动在上海蝼蚁般窠穴的清洁脸面，发油可鉴的男人，步态斯文的男人，深沉儒雅的男人，如程乃珊早期向往的带丽仕香皂味道的男人，无可选择地追寻着执着的仕女的淑女的上海，在交际花盛开之际无声无息地委顿，这令人可怜的娇滴滴精致的男人是将被水性的上海蚀了腰骨望穿了秋水，在上海人异口同声（连龙应台女士也听到了）的气管炎的咳嗽声中强作欢颜。

文人的上海男人粗俗市井的上海男人吸入城市废气喝入城市废水最多的上海男人痛苦并快乐着。无言，无声，无笑。不论佳丽坐拥一夜开五十瓶XO的江北上海男人，或每天瑟缩于风中、流汗于阳光中，穿越过城市拥挤道路的男人，都在每天积攒自尊，每时消弭孤独每刻想逃避责任。城市目击的文章写得太滥了，花团锦簇的上海女人们冷眼望江淮，这后庭花的歌靡废得令人垂泪。灯红酒绿中上海男人被世俗成为霓虹灯下的哨兵，为世界上唯一一块无须女权主义刺耳噪聒的净土默默耕耘。

听广阔中国大地许多女人谈论上海男人，艳羡是明摆着的，这或许也是某种龙头作用。这座20世纪中国最大的都市每一天都在重温曾经脂粉猩红的浪漫岁月，不但创造着对三姨太四姨太下跪，为五姨太六姨太剪脚趾甲的商界巨贾，还有那些做"阿诈里"做长工做瘪三只为博红颜一笑的男人。上海这个城市的积尘太厚了。每一种埋没都沉默得可怕。男人如若在冷酷世界失却了铁血原则就无尊严而言。迷雾穿透的上海无疑是等待着某种复兴的。

龙应台女士对于上海男人的赞许是相比较其耳闻目睹的贤妻良母的其余世界。不是每个上海男人都有跪搓板的经历，深夜被赶出家门的男人或许正无忧无虑地走向情人的单身公寓，而家里河东狮吼的女人正百感交集自叹命苦或其他却死惦着灰溜溜走出家门的男人。诸如后悔衣服穿得是不是少，或会不会去找别的女人。整个世界为这一场景会感动得哑口无言，然而生活的代价却昭然若揭。

上海女人的嘴是刻毒了些，或许因为那嘴中同时流蜜才制止了反抗的革命。我只谈论的上海男人，看着骂遍千山万水的龙女士的话，在每一个被赋予面子的快乐瞬间尽情生活，不然，上海的男人就只有灰飞烟灭了。那是谁也不能想象的事。

龙应台与周国平

李泓冰

龙应台在上海的报纸上对上海男人评头品足了一番，让上海的男人女人都不舒服，像在众目睽睽下，无端地成了一盘烤得透红的龙虾。各地副刊编辑们则兴奋于找到了热点，将龙应台端出的这盘龙虾敲骨吸髓、煎炒烹炸地吃了又吃。被形容为"龙旋风"的龙应台呢，早已坐在瑞士美丽的家中，欣赏并记录着她的儿子安安的如珠妙语，我们这里关于上海男人的喋喋不休，浑不关那个家中的痛痒。

我读着龙应台的自选集《女人与小人》（上海文艺出版社），这是用女权主义的肝胆、怜爱与自得交织的慈母心肠熬成了一锅滚汤。嫁了德国丈夫的龙应台，时时有意无意地褒扬西方男性而对东方的伟丈夫心存不敬。

我一直对住在大洋彼岸享受着西方、又对东方恨铁不成钢的同胞存着几分腹诽。真有责任感，何不回国尽忠尽孝？隔着天窗，说着亮话，总让吃不到葡萄的我酸得难以下咽。

龙应台这颗遥远的酸葡萄，嚼在我嘴里原是过瘾得很的。那会儿和同学们都是壮怀激烈、以天下为己任的年纪，初入社会，事事都有逆鳞之痛，凡重击中国人积弊的文字，如龙应台的《中国人，你为何不生气？》之类，均觉如饮狂泉。重读龙应台，对那种俯拾即是的偏激、张狂、武断、自以为是，却觉得触目得很，感慨地想：年轻时真是幼稚，竟看不出来！

扔下龙应台，拾起周国平，也是散文集，《守望的距离》（东方出版社）。如果说龙应台是"旋风"的话，周国平是润物无声的"细雨"，或者说像二三老友端坐于书斋，把着淡酒浮出的细语。平和、宽容、有味，不疾不徐，从容古今，从容情感，间或也有些浅浅的忧郁。读了不会让你有激赏的冲动，只是些微的叹服。周国平生于上海、学于上海，在广西度过十年的深山岁月，由考研而定居北京。只有生长于斯的学者，才能得博大精深的中国文化的真传，个中感受真是我们这些一同走过时代风雨的人才冷暖自知。从容与宽厚掩住的痛苦，不足为外人道，对自己人则不必说，全能心领神会。所以周国平索性这样标题：《为自己写，给朋友读》、《生命本来没有名字》……

读周国平，像读中国古代哲人的书一样，让人沉静，让人出世。读龙应台，让人入世，让人痛楚、激动，想和人争吵。

本来书架上这两位的书早就搁在一起，也不曾起过冲突，有过比较。最近恰巧前后脚地闲读龙、周，就对自己起了疑惑：何以对龙前恭后倨，而对周却网开一面？我惊觉到，真是上了年纪了，开始将击剑长啸、白眼看人视为肤浅了。

惊后反省，得了一个结论：今天的东方，其实更需要的是龙应台，而不是周国平。对自己的毛病，有痛楚才会下决心去根治，我们还没有到享受从容的时刻。周国平的境界，怕倒是能解了西方人的愁结。可是，东方独多周国平，龙应台却远嫁西方，所谓"橘逾淮为枳"。

虽然仍是私心不以龙应台为然，还是决定，从此多读些"旋风"文字，少读些周国平。梁启超早就呼唤"少年中国"，几代人又过去了，总得更多一些中国人有少年激情才成呵！

啊，上海男人！

王战华

一

上海有一份大报在去年曾发表了一位颇有些名气的"台湾女人"龙应台的文章《啊，上海男人！》。

龙作家这篇行文在上海男人当中炸开了，有实力的"大手笔"便接踵而至地发表高见。

我先后读过《捧不起的"上海男人"》、《也说"上海男人"》和《理解上海男人》。

这些文章自然不乏高手之作，说是"龙旋风"一篇《啊，上海男人！》，把沪上的须眉一笔横扫。却原来"龙女士祭的是她心目中理想的男子形象，从那深自失落又强颜调侃的语调，我推测，这甚至可以说就是她的整个人生理想"。

虚构"世界稀有品种"的"上海男人"虽有意无意，但却"因为内心的矛盾，导致逻辑的混乱，结果非但证明不了什么，反倒多了一大团困惑"。

一个并非是正宗上海人、但却在上海生活了多年的作者认为，自己向来不赞成以地域划分笼统地对人，对男人、女人去概括出某个特征来进行褒贬评说。他正因为在上海生活了多年，才对上海男人和女人看出了一些道理来的。因此，虽然龙作家去了那么多地方，属"非常解放的女人"，却看不出上海男人不少把"怕老婆"挂在嘴上或装着"怕老婆"，实际是夫妻关系的一种善意"谋略"。一个真正的男子汉为何非要去与自己老婆争高低呢？上海衡量男子气的主要依据并非在于做不做家务和是不是与老婆逞强。为此，他设想，龙作家倘能多来几次上海，她的看法才不至于偏颇。

一位与龙作家有过"若干次兴致高涨的交往"的文化人士则阐明，上海从前是，今天又再次成为全国乃至世界的文、经重镇，与上海男人的这种性格内质不无关系。该文直截了当地指出，上海在龙女士的笔下被唤作一个"迷人"的城市，难道这"迷人"之中就不包括上海男人这一项精美而别致的人性软性？他想，能嫁个如意的上海郎君，当是当今女人的一种缘分呢！

二

老实说，对见多识广的龙作家的这番文字，我并没有产生"惊讶"，抑或她大作中确有"虚构"的成分，但我想，可能其在著文时更集中、更典型了吧！因此，对此，本不值得"大惊小怪"。

倒是"谋略"之说更为精彩些。不与老婆"争高低"的男子汉，难道不更具有大丈夫气概吗？也许确切地说，在上海这"迷人"的都市中还应包括上海男人这一项精美而别致的"人性软性"之说，更能包涵出一种具有文化韵味的特色。

然而，我们似乎觉得如上这些文字，确实是将上海男人集焦在了人们的视角点上，由于受视角的所限，而没有在与上海男人同构成一幅风景的女人方面进行挖掘。不错，龙作家的一段文字相当精彩，"在公共领域里，社会的资源和权力仍旧掌握在男人的手里。上海女人说起来如何厉害、如何能干，显然还局限在私有领域中"。

在为这段文字喝彩的同时，我认为龙作家似乎还未能深入一下来了解上海女人。其实，上海男人的这种"谋略"倒确是让女人给熏陶出来的。

记得有统计说，上海的男性在全球范围来说，是最辛苦的。他们要在家庭中充当一个很不容易的角色，这使得这些男子在夹缝中练就了一种生存、斡旋的本领。

前不久，上海曾有统计说上海妇女有 60% 占据家中的主导地位，上海女性的平均工资在全国仅低于广东肇庆。在被调查的妇女中有 66.6% 的人认为"男女平等"，19.4% 的人则认为"女性更优越"。这种比例比全国平均数分别高出 7.6 与 2.14 个百分点。上海妇女对自己的家庭地位高度满意，其满意的程度从国际上比较也仅次于瑞典，高于法、英、美等国。同期的一则调查表明：上海女子对男子的心理需求处在两难境地之中，"既能主内，又能主外，事业家庭两不误"。这种近于挑剔的衡量标准，反映在当今男子在事业中的成就不及在家庭中所占的地位时，上海女子便说男子缺乏阳刚之气了。这不是反映出上海女子的矛盾心态和上海男子的不易吗？

有什么样的女子，便会有什么样的男人，这是个至理名言。

时在40年代，谢冰莹就在文章中写道："有人说上海像洋场少妇，杭州是大家闺秀，苏州是小家碧玉，重庆是徐娘半老。"事实上，上海女子的一个重要特色，不同于广东的"靓"，也有别于老北京话中的"俊"、"俏"，这就是"嗲"。一个"嗲"字，风情万种，能将上海女子本质中的柔软一面尽展现。

任何事物都有两面性，与风情万种"嗲"字相配的另一面是一个"作"字。许多异地人都不知"作"字何解释，但上海本地人、尤其是上海男人则是肯定能领教的。（大约"作"字可解释为"胡说蛮缠"吧。）随着妇女地位的提高，"嗲"字逐渐被"作"字所替代，"嗲"的风情只怕是今日回忆，或只能在天真烂漫的小女孩那儿还留有痕迹吧！

可能正因为龙作家对这些深层的风俗意义上的问题认识不透，故而只能作些浮光掠影的表象图解。这本也怨不得人家，毕竟来说，"台湾女人"不同于"大陆女人"，更不同于"上海女人"。不过，其文还是透露出上海女人厉害的一面。对此曾作过研究的一位先生说，上海男子在文明的进步中，更多地吸取了一些知识的养料，学会了忍耐和顾全大局；而女子则停留在原地。作为生于斯、长于斯的本人则认为，龙作家的"为什么当女权得到伸张的时候，男人就取代女人成为受虐者？"提示，虽以瑞典呼吁成立保护男人组织为例，倒确应引起上海女人思索。

有"谋略"的上海男人，毕竟是有风度的！

为上海男人说句话

杨长荣

报章杂志及天南地北的杂谈闲聊，时有对上海人，特别是对上海男人的评论，往往带贬义的居多。但好像上海人一般不太把这当回事，很少有人起而辩解、驳斥。一部电视剧，被认为是写了一群敢做不敢当、亲生孩子都不敢认的上海男人，引来一片非议谴责声，也不见有什么上海人跳将出来理论一番。这回龙应台对上海男人雾里看花地评了几句，却是引起了一点反响，甚至有一两位著名的作家也忍不住撰文反击了。或许因为龙应台来自台湾？或许因为她是女性？对异性的评价看得更重一些，也是有的。

我也是个女性，道道地地的北方女人。原籍山东，在内蒙古、北京转战多年，近几年才拿着浙江的俸禄来上海工作。据我的观察，倘若一定要以地域为背景来评判，比较优秀的男人，还是要算上海男人。

因我是女人，常常免不了透过女人看男人。说上海男人优秀，首先就是因为上海女人是中国女人风景画中的一抹亮色。一次在北京，一群人认真地坐了半天，给各地女人打分。有说大连、青岛女人漂亮的，有说新疆、云南异族女人别有风情的，我则说，看看三四十、五六十岁的女人仍有女人本色的，也只有上海了。大家细细摆比一番，给了上海女人最高分。中国有中国的国情，女人是"半边天"，摩拳擦掌、拳打脚踢在社会的大舞台上，社会角色不断强化，性别意识不断弱化，细细体味，有多少女人已经少有女人味了？上海女人也一样撑起了"半边天"，但仍保留着不少的娇、妩媚和嗲样，瞧着还像女人样，这实在是上海男人的功劳！

对上海男人的贬，往往集中在"惧内"呀、做家务呀，等等，以证明其全无男子气。照我看，男人跟女人相依相存，那些女人变得不像女人的地方，男人中也一定少有真正意义上的男子汉。上海男人几十年来里里外外极细心又极耐心地呵护关爱自己的女人，也包括替她们、帮她们拎菜篮、提扫把、下厨房，才使同样在社会战场上摸爬滚打的老婆还像个女人样，这才是有底气、有力度的男子汉的表现。相反，袖手看着自己在外谋一份生计的女人蓬头垢面回家后，接着再做一份老妈子活的男人，肯定不是真正的男子汉！不会怜香惜玉，还算什么男人！

所以我说上海的男人们，你们实在不必听到一个叫龙应台的台湾女人说了几句不中听的话就沉不住气了，还是一如你们既往的态度：一笑了之或一哼了之，然后，继续当你们的男子汉。

对了，我求有女快长成，我还真希望她能带个上海女婿回家呢。

龙应台和"捧不起的上海男人"

胡妍

　　热衷社会文化批评并对妇运抱同样热忱的龙应台女士，不久前在上海引起了一番不大不小的轰动。龙女士以台湾女人的身份和在欧美生活了二十年的阅历，在一篇题为《啊，上海男人！》的锦绣文章里，不无惊喜地发现：上海男人在大陆男人中自成一格，"是一个世界的稀有品种"。龙女士盛赞"上海男人竟然如此可爱：他可以买菜烧饭拖地而不觉得自己低下，他可以洗女人的衣服而不觉得自己卑贱……"，"这才是真正海阔天空的男人！我们 20 世纪追求解放的新女性所梦寐以求的，不就是这种从英雄的迷思中解放出来的、既温柔又坦荡的男人吗？"

　　龙女士之作如是观，是在于长年来，她观察着台湾和西方世界妇女的生活，看到她们每一步的迈出都连带了痛苦的挣扎。她以为，在这个当口，"上海的男女关系为我们开拓了新的视野"。想不到的是，上海男人此番却并不那么"海阔天空"、"温柔坦荡"，面对龙女士的赞誉,上海男人的一个直接的反应是:"龙卷风"刮上门来了!

上海男人并不"受宠若惊",也不"知遇图报",反倒有些"恩将仇报"的意思。他们宁愿做"捧不起的上海男人"。他们说:下厨的上海男人像中国大陆其他地方的男人一样普遍,而中国特色的家务分工如男人下厨,"与女子是否占有家庭乃至社会的话语权","是两回事"。他们很不屑"稀有品种"——哪怕是"世界级"的——或"男女平权先锋"等等的桂冠和赞誉。本来,龙女士在感叹上海男人的"温柔坦荡"和"稀有"的同时,对上海男人的"遭遇"是怀了由衷的关怀顾惜的,或者按龙女士更明确深刻的表达,她感到疑惑的是:为什么当女权得到伸张的时候,男人就取代女人成为受虐者?龙女士之如是想,是因为她在上海,由男人的操持家务,"温柔、坦荡"进而看到了男人的"受虐",用上海话来说就是严重的"妻管严"。龙女士的本意是要说:"妻管严"虽无关主义或原则,但如果作为男女平权的一种证明,恐怕是曲解了妇女解放。龙女士怕的是上海女人的解放过了头!

龙女士的想法当然不无正确处,但她的担忧却几乎是多余的。关于"妻管严",最有发言权的应当还是上海男人,不如来听听他们的说法:"……在人前宣传、夸耀自己惧内的,他的惧内就很可怀疑。有的是从反面来显示自己的绅士风度,有的则可能是在为另觅新欢制造舆论,甚至可能是有针对性地下诱饵。"(以上及以下有关的引用均引自上海男人的新作《捧不起的"上海男人"》)。龙女士当然是看到上海的男女关系其实尚不是真正平等的(如在所谓的精英圈里,碰来碰去都是男人,社会的资源和权力仍然掌握在男人手里，凡此等等）。但她从上海男子的"温柔坦荡"和大陆、上海女人的"抬头挺胸"中看到了希望、看到了变化，甚至看出了"矫枉过正"、"物极必反"的隐患——想不到这次却看走了眼，上海男人自述"惧内"是花招，是技巧，是风度。又如龙女士说："这有关柴米油盐酱醋茶的一回事却是我眼中森森烈烈的大成就"的男子操持家务，根本上也不是因了上海男人天生"温柔坦荡"的缘故，或上海的风俗就是比别处平等、开放而使然。当然，一方水土养一方人的原因也是存在的，那便是上海这地方讲现实，上海的男人也比较识时务，但识的并不是"男女当平等"的妇运道理。虽然他们个个说男女平等是应当的，在上海已根本不是什么问题，而是"经济是基础"的道理。一如他们"务实"地心知肚明的，这"是中国大陆特有的经济生活条件造成"的：既然老婆也就业挣钱的，而且是"同工同酬"，一定要老婆烧饭这句话就不大好说了！

　　龙女士曾说，在一个陌生的城市里，只要侧耳听听人们飞短流长地说些什么，大概就可以探知这个城市的文化特质。现在，龙女士知道上海这个城市的特质了吗？或者说更知道上海的男人了吗？"他可以轻声细语地和女人说话而不觉得自己少了男子气概，他可以让女人逞强而不觉得自己懦弱，他可以欣赏妻子成功而不觉得自己失败。"他可洗衣服，可以做家务，可以比别地的男子"温柔坦荡"……然而，他不可以被你这样说——换句话说，这一切，你不可以这样直截了当地说出来，尤其是说他"受虐"，还是被女子——别的"虐"犹可受，女子的"虐"则万万不能受！因他终究是男人，是中国的男人。尽管是不可多得地"稀有"，或"温柔坦荡"到"像个弯豆芽"。在这一种"男人的气概"上，上海的男人从来是一点不比别地的男人差的。

　　这里，龙女士的另一个解说或许也是应当记取的：说上海的男人女人如何如何，就好像是在说中国人勤奋，意大利人热情，德国人缺乏幽默感一样，难免不是一种以偏概全。龙女士曾十分地奇怪，在上海这座城市里，"流言的主角竟是男人，被虐待的是男人"——而如果我们，或龙女士稍稍地移动一下"以偏概全"的角度，听到的或许是另一种完全不同的关于"男性雄风"的"流言"呢！

我抗议

康议

编辑先生：

这是一封海外读者的抗议信。

从最近一期 1997 年 5 月 16 日全球中文电脑期刊《华夏文摘》上读到你报发表的台湾龙应台《啊，上海男人！》一文，有种被人侮辱的感觉。

《文汇报》作为有上海特色的且在中国有一定影响的报纸，竟公然在本乡本土上登载这篇侮辱调侃上海男人，有明显好恶倾向的文章，不仅有失公正而且严重损害了家乡父老尤其是上海男人的感情！同时也深深地伤害了许许多多在海外的上海男人的心！本人作为上海男人，在此向你报深表失望！并拟在海外全球中文网络上组织一次由海外上海男人参加的申讨对《文汇报》登载《啊，上海男人！》的活动，以示抗议。

新闻和写作一样具有高度自由性。但报社办报也是一种商业行为。你报不顾读者感情，发表这种不友好的有辱沪上男子形象的文章，只会遭到更多读者的不满和唾弃！有鉴于此，本人及周围许多上海籍男士已通知其在沪家属停止订阅下一季（年）度的《文汇报》，也许对你们官办的已拥有千万订户的报纸是微不足道的，但我们则以这种方式来表达对你报最大不满！并且在今后相当长的时间内，本人不会再看《文汇报》，同时相信许多读者会跟我一样如此做，因为任何读者不会去买去看一份曾经伤害过他们感情的报纸……

顺便告知，在海外的上海男人同在国内的绝大多数上海男人一样，很努力也很优秀。他们非常关注、热爱家乡上海。为什么你报不多报道这些素材呢？

最后建议你报向读者作一次公开的道歉，为了你们的严重过失。

在海外上海男人康议（寄自加拿大蒙特利尔市）
1997 年 5 月

上海男人，累啊！

唐英

　　我在法国看到龙应台女士的那篇《啊，上海男人！》时，已是 1997 年的 5 月。据说此文曾引起轩然大波，必定是有过一翻热闹的争论吧，结果如何我不知道。但作为一个地道的大陆女人，并且有过国外生活经历的我，对于龙女士对上海男人和上海女人的尖刻判评，我不敢苟同。

　　作为"一个台湾女人，在美国和欧洲生活了二十年"，龙女士真的是"旁观者清"啊！她不知道台湾女人可以"就是愿意做个小女人嘛"，德国女人可以舒舒服服地"贤妻良母"，可是大陆的女人做不起。大陆女人的事业牺牲得起，那份工作和工资却是牺牲不起的。对于千百万普通的大陆家庭而言，光靠男人的收入是难以支撑得起一个家庭的，女人想不工作都不行。何况没有工作的女人，没有劳保，没有医疗，没有组织可以依靠，你那个男人，靠得住吗？

龙女士从来没住过一家三口挤在一间十二平方米的房子吧？没有厨房，没有厕所，没有浴室。所谓的家，就是那唯一一间阴暗潮湿的小屋。就这间集体宿舍还是女人厚了脸皮赖来的。没有洗衣机，根本就不可能装得下。电压不够也接不上水管。女人每天为孩子洗尿布，洗干净的尿布夏天挂在房间里往下滴水，地板上铺着一块块干毛巾，天花板上，因为不断上升的水气而长了斑斑点点的绿霉。

　　女人每天去买菜，在菜市场和人讨价还价，她不精明点就会吃亏上当。她面容疲累，一副凶巴巴的黄脸婆模样，怎么看也不温柔。早晚上下班的时候就更不能温柔了，否则甭想挤得上高峰时的公共汽车。

　　龙女士夸赞德国女人的温柔，为了丈夫的事业可以抛弃工作，留守家中，甘做主妇。现在德国失业严重，最先丢工作的总是女人。好在丢掉工作并不等于丢掉饭碗，男人的那一份工作已足以一家人过上舒适的日子了。而这没有工作的女人因为发达的社会福利和保险制度，无论出现什么情况，生病得癌症也好，由于种种原因没了男人也好，她总是有依有靠，不会不踏实。何况，这主妇也做得体面。

　　早上开车送走儿子和丈夫，一个去上学，一个去上班。主妇接着去俱乐部做有氧运动，然后穿着高跟鞋，光鲜亮丽地开着汽车去超级市场买东西。她推了一辆购物小车进去，新鲜的水果蔬菜鸡鸭鱼肉都明码标价，价格适中。她很快采购齐备，碰见女人聊了会儿天，又去喝杯咖啡，再开车回家。回到家就可以"擦窗玻璃，擦呀擦呀擦得一尘不染，等着男人回来夸奖"。

　　她没有听说过尿布，家里总是洗衣机和洗碗机，她手上抹着漂亮的指甲油，没有汽车不会走路。她从不会和人争吵，不会风风火火地奔跑。她温柔而贤惠。

可大陆女人不行。在摇晃拥挤的公共汽车上她得抱得动孩子；在丈夫不在的时候，她得扛得动煤气罐。她温柔不得，粗糙一点才做得了大陆女人。

逢着女人靠男人讨饭，男人自然也神气起来，何况他有工作有房子有汽车，而没有分房子凭职称等错综复杂的头疼事让女人有机可乘地指责他。他又如何男人不起来？女人不工作在家里把家务做得一清二爽，所以德国的男人们也绝不会像龙女士笔下的上海男人一样"低下"地买菜烧饭拖地，"卑贱"地洗女人的衣服。

上海男人无可选择。女人工作家庭两头跑，和他一样，所以他无论如何也不能袖手旁观，菜要买，地要拖，他无法不分担。即使这女人不温柔。女人顶着一头灰脸在哭骂：工作十五年了还没分到房子，这狗窝还是我搞来的！旧房子要拆迁了，借房住的人一律滚蛋。我们往哪里去？是男子汉，要老婆孩子，就该有地方养老婆孩子！窝囊废！

本来分房子该排到他了，可又不知给谁的后门挤了下去。他也有气啊！女人可以因此而骂他是窝囊废，他却不可以去骂单位领导是混蛋东西王八蛋。

他又如何男子汉得起来！守大门的老头同志，公共汽车上的售票员小姐，托儿所的小阿姨们，楼上楼下左邻右居，上级下级同事领导，他都小心翼翼得罪不起；群众关系，邻里关系，上下级关系，同事关系，搅得他难以招架，啊！一个关系处理不好他都会倒霉。夫妻关系上他不以退为进，再跟自家人过意不去还有什么意思？你让他鼓着胸肌揍女人出气以显示男子气概吗？

　　事实上每日骑着单车，拎着带鱼回家的上海男人们也根本没有时间和精力去锤炼胸大肌，无法像衣食不愁的西方男人一样拼命运动卖弄肌肉以显示雄性魅力。上海男人们知道压在他们身上以及他们妻子身上的生活担子有多重。他们和千千万万个大陆男人一样整日为生活奔波忙碌。他们忍耐坚强，包容体贴，懂得分担。上海的女人们，你可懂得珍惜？

我的不安

《啊，上海男人！》被简单地解读为"横扫"上海须眉的文章，倒是令我讶异。

有些是不需要辩解的。说上海男人女人如何如何当然是一种夸张的以偏概全，就好像人们说中国人勤奋，意大利人热情，德国人缺乏幽默感一样，以偏概全有如卡通人物造型，加粗赫鲁晓夫的眉毛，突出爱因斯坦的鼻子，求的不是科学的吻合而是艺术的神似。

有些是字义的误会。在上海接触"所谓"文化精英，加上了"所谓"二字，有人解释为：我显然不把我在上海认识的教授作家学者们当作文化精英，何其不敬。

这个理解错了。"所谓"两字是为"精英"而加的。在社会价值越来越多元化的今日，我对"精英"这样的字眼不敢轻易使用，因为它可能膨胀了知识阶层在一个社会里真正的作用。我自己也是"所谓"文化精英、"所谓"高级知识分子、"所谓"名作家。在职业一栏，从来不填"作家"，因为那"一家之言"的"家"字也令我不安。我是个"作者"，那就没有"所谓"了。

至于说，必得长期地生活在上海才能对上海人有所理解，我倒觉得未必。我不可能写出《啊，台北男人！》的文章，正因为我是台北人的一分子，长期的熟悉使人对身边的环境见怪不怪，失去敏锐的触觉。身在其中的观察，也因为缺少必要的距离，往往见树不见林，看不见全貌。对一个群体或城市的理解，那初识的惊讶来自最新鲜的眼光、最直接的碰撞，所得到的透视往往不是浸淫其中能够取代的。多去几次上海，我将渐渐失去这最原始新鲜的眼光。

《啊，上海男人！》表面上是篇谈上海男人特质的游戏文章，但是所谓男人的特质当然得由他对女人的态度来界定。文章里实际的核心其实是两个严肃的问题：上海的男女真平等吗？从社会主义的模式出发，男女平等、互敬互爱的前景又是什么？

我自己没有答案，自私地想听听上海人的看法。陆、沈、吴三位先生对上海男人的特质多所着墨，吴正的解析尤其精辟有趣。他们对上海男人看法彼此不尽同意，但是对男女平等的问题倒有一点儿一致性：吴正觉得上海和美国、香港一样，男女竞争机会均等。陆寿钧认为："绝大多数的上海人，不管是男人和女人，对男女平等、互敬互爱的前景还是十分乐观的。"沈善增则断言男女平等在上海根本不是问题，只有"吃饱了饭没事干"的男人女人才会制造出这样的问题来消遣时间。

是这样吗？我们可以看看另一个中国社会。台湾也是一个，用陆寿钧的上海话来说，"女作者、女记者、女导演、女学者不要太多喔"的地方。掌管文化的最高主管也是一位女性。但是这些表面现象不应该使我们忘了审视那眼睛看不见的地方。台湾也有，各式各样的法律保护两性的平权，实际情况与法律条文之间却有极大的距离：

——虽然有同工同酬的规定，女性平均工资只有男性的68%。

——虽然"宪法"写着"国民受教育机会一律平等"，男性完成小学教育的比例是女性的 8.6 倍，完成初中的几率高3.6 倍，而受高中以上程度的几率则高出 4 倍。

——虽然"遗产法"规定子与女权益相等，但是 80% 的家庭只分遗产给儿子；在剩余的 20% 中，8% 的家庭给予儿子较多的遗产。

——虽然有"职业妇女福利"的政策拟定，台湾女性劳动参与率只有 44.89%（美国 56%，日本 51%，瑞典 80%），比男性低了 30%。

——虽然有"落实托育服务增进妇幼福利"的项目，台湾六岁以下的幼儿能够进入幼儿园的只有总数的四分之一。也就是说，70% 以上的儿童留在家中由母亲全天照顾。91.7%的残障者和 85% 的老人也由家庭照料，而照顾者呢，80% 是女性。

——虽然有"两性就业平等法"的讨论，在台湾十五岁到六十四岁有能力劳动而留在家中照料孩子、老人和残障亲人的女性有两百六十一万，是全部非劳动女性的 73.2%。

——"民法"虽然写明"夫妻互负同居之义务"，但是台湾的职业妇女每周工作六十五小时，男性工作五十小时。其中妇女在烧饭做菜家务事上每周花二十一小时，比男性多十九小时。亦即台湾职业妇女每年要比男性多做一个月加两天半的工。

——台湾妇女处境白皮书，1995

这些冷冰冰的数字为我们构出什么样的图画？那些与男人平起平坐、意气风发的"女作者、女记者、女导演、女学者"在整体的妇女群中只是少数。那沉默的大多数，在我们看不见的地方，过着她属于女人的命运：如果只有一个孩子能上大学，那个机会多半给予她的兄弟。做女儿时，她帮助母亲操劳家务；结婚之后她要照料夫家父母；生产之后她得养儿育女；儿女成长之后她也许得看护生病的丈夫同时当孙辈的老保姆。台湾男人的寿命比女人短六年，而平均结婚年龄男人又长女人三岁。也就是说，女人做了一辈子的保姆、母亲、媳妇、看护之后，她要守九年的寡，疲惫而孤独地走向自己的死亡。冷冰冰的数字背面啊，我听见暗夜的叹息。

不要以为台湾的情况是特殊的，台湾妇女与欧美多数国家的妇女只有程度的不同，而没有实质形态的差别。

妇女运动这几年来在台湾前所未有地蓬勃发展，而且从大都市逐渐深入草根阶层，有它的历史成因。每一项权利是妇女在有了自觉之后组织力量争取而得到的。这种发展形态和欧美国家的妇女相近：她们要争取的是走出家庭、走向社会的自由和权利。

在这个关口，大陆的妇运工作者和台湾或西方的同道相遇，却出现了一个"鸡同鸭讲"的有趣局面。同样在谈解放和女权，可是字面下的真实意义却正好相反。大陆人觉得西方妇女"落后"，因为后者所要的工作权是他们早就有的。社会主义新中国一开始就让女人穿上男人的衣服、扛起男人的负重、培养男儿的志气。多少四十岁这一代大陆女性是在"假小子"的风气中启蒙成长的。大陆的妇女先进现在要争取的，反而是重新成为女人的自由与权利。她们想从男性化了的、中性化了的价值观束缚中冲出来，重新体认女人的气质，肯定女性本身的尊严。

台湾和西方妇女却也觉得大陆的妇运"落后"："女人"的角色是他们早就看破了而试图摆脱的，正是所谓女人的气质、女人的尊严、女人的特质，使女人长期处于"第二性"的劣势。妇运怎么能往回走？

过度简化地来表达，就是说，台湾和西方妇女想从家庭走进社会，而大陆的妇女想从社会走回家庭。前者试图从女性的窠臼走向泯灭性别差异的中性，后者试图从中性的窠臼赴向性别差异分明的女性。因为出发的位置就不一样，方向也截然不同。鸡同鸭讲，一团混乱。

在这种交织错杂的背景中，我认识了上海的男性。看见他们心甘情愿地、熟稔地操持家务，我第一次具体地理解了中国的妇女解放是如何直接地受惠于马克思主义。台湾妇女、西方妇女痛苦挣扎了一百年而仍旧无法获得的权利，在社会主义中国却是最基本的实践。陆寿钧说，"上海的男人和女人早已不把它当一回事了"；这有关柴米油盐酱醋茶的一回事却是我眼中轰轰烈烈的大成就。

然后呢？男人煮饭拖地之后，从此就和女人过着幸福快乐的人生？男女平等的乌托邦已经缔造，如沈善增所说，"吃饱饭没事干"的人才去追问？对不起，我很怀疑。说这种话的人是否读过任何一本关于妇女处境的书？河南大学李小江写过：

> 中国妇女是两面性的。正面是一个独立的人，权利平等，经济自立，是新中国的主人；背后却扛着一个沉重的家，依然是传统的，是家庭的主人抑或是奴隶？女人把正面展示给社会，社会因此显得更加文明进步；她把背面留给自己，累在身上，苦在心里。两面夹攻下，有新生的，有传统的，唯独仍然看不见女人自己——女性主体意识淹没在社会和家庭双重角色中。

——《走向女人》，1995

显然社会主义制度中的姊妹们和我们资本主义结构中的妇女一样有双重负荷的问题；负荷的包装和名目也许有异，重量，却没什么不同。不堪负荷的职业妇女利用上班时间赶做自己的家务，并不令人意外（卢汉龙："来自个体的报告——上海市民生活质量分析"，《社会学研究》，1990 年第一期）。

甚至于许多人认为理所当然的工作权和教育权，法律与实际之间是不是没有距离？在南通市，一些企业所解雇的女工占所有被解雇员工的 70%，为什么？1988 年，中国学龄儿童未入学的有 83% 是女孩子；三百万中途辍学的孩子有 70% 是女生，又是为什么？全国平均每 6 个成年人中就有 1 个是文盲，而妇女却平均每 4.5 人中就有 1 个文盲（《性别与中国》，北京三联，1994）。

这又代表了什么？

曾经是"假小子"老三届的李小江回顾她成长的过程，满腹辛酸："我们这一代女性，曾经经历过无美也不能放纵爱情的青春。我们曾经在寻求解放的道路上丢失了性别，最终丢失了自己。因此，我们有权利：以残破的青春的名义，以失落的女人的名义，向历史、向文明、向生活，甚至向我们自己发难。"

我在上海街头也看见老三届女性隐约的身影：那开计程车来养小孩的司机，那兜售灵骨塔牌位的推销员，那刚刚离了婚想嫁个外国人带孩子远走高飞的饭店会计。每个人都抱着一个残破的青春、沉重的负担，努力地往前迈进。有谁又真正想理解她们"丢失了性别，丢失了自己"的伤痛究竟是种什么样的伤痛？

我也收到过七十岁的老妇人寄自上海的来信，解释为什么在我的签名会上可以见到老先生却绝见不到年纪大的女读者："……我们这一代人，辛辛苦苦工作一辈子，做完工作回家还有小孩和家务。现在好不容易退休了，可又得带孙子。像我们这样的人，出门一趟是件非常非常困难的事，我已经很久没出去了……"

像她这样的人，属不属于"男女平等社会主义精神文明"的美丽世界？

认为什么问题都没有的人又是否知道，中国大陆的女性自杀率高于男性而且每年升高？如果知道，他是否思索过为什么？如果不知道，现在知道了是否会觉得有所不安？

不安，至少我是不安的。长年来，我观察着台湾和西方世界妇女的一小步一小步的努力挣扎，每一步的迈出都伴着犹豫和痛苦。上海的男女关系为我开拓了新的视野；当我在谈女人处境的时候，我其实同时在谈男人的处境，因为，如果女人觉得她被双重负担压得透不过气，如果她觉得丢失了性别和自我造成了心灵和情感的残障，如果她的女人角色使她疲惫不堪，力不从心，那么与她共处的男人，下厨也罢，不下厨也罢，怎么可能生活在幸福快乐中呢？

　　上海男人的下厨与"惧内"（对不起，不是我说的），可能解决了一种问题但同时开启了另一种问题。当人人看见女人的"权力"高涨时，就忽略了"权力"不等同"权利"。真正的男女平等基于相对互惠的"权利"而不是任何一方膨胀的"权力"。"妻管严"作为个人抉择，是个人冷暖自知的事，无关主义或原则；作为男女平权的一种证明，恐怕反而证明了不平等、不公平、扭曲变形了的妇女解放。我的不安，在此。

上海男人，英国式

　　《啊，上海男人！》刊出半年多了，仍在发酵。我的文章引起辩论是常事，引起完全离谱的误解倒是第一次，而这误解本身蕴藏着多重的文化意义，令人玩味。

　　《上海男人》在台湾刊出，头一通电话来自写诗的好友，大声抗议："我们家这个东北男人就是你描绘的上海男人。上海男人太好了，你怎么能嘲讽他们？"

　　嘲讽？我怎么会嘲讽他们，我是在赞美上海男人。

　　"是嘲讽，不是赞美。"女友坚持着。

　　一个台北的"上海男人"说："有一天搭计程车，司机一听我是上海人，就说，上海男人都怕老婆，煮饭拖地洗厨房，什么都做。我吓一跳，怎么台湾开车的都对上海男人有这个理解。你的文章加深了这个刻板印象。"

　　我答应朋友们回去再看一遍文章，自我检讨一下，但心里觉得有点儿委屈：奇怪，我明明想说的是，最解放的男性就是最温柔的男性，譬如上海男人。为什么意思被读倒了？问题出在哪儿？

上海读者的反应就更直接了。远在加拿大的上海男人来信：

> 《文汇报》作为有上海特色的在中国有一定影响的报纸，竟公然在本乡本土上登载这篇侮辱调侃上海男人，有明显好恶倾向的文章，不仅有失公正而且严重损害了家乡乡亲尤其是上海男人的感情，同时也深深伤害了许多在海外的上海男人的心。本人作为上海男人……拟在海外全球中文网络上组织一次由海外上海男人参加的申讨对《文汇报》登载《啊，上海男人！》的活动，以示抗议。

德国的大陆学人组织邀我演讲，谈的题目无关上海男人，但在发问时，《啊，上海男人！》又成为一个话题。在场有许多上海男人，纷纷发言。态度温文尔雅，言语平和有礼。几乎每一个上海男人都同意"是的，上海男人是这样的"，然后试图解释这个现象的种种社会成因。在和谐的谈话进行中，有另一个声音突起，标准的北京腔："咱们北京男人可不这样！"

声音清朗而傲慢。

同时，《啊，上海男人！》英文版发表了。英国广播公司BBC邀我上电台朗读《啊，上海男人！》，一次对英国国内听众，一次对国际。不同的电台主持人，都是英国女性，在读到《上海男人》文章时的第一个反应是："嘎，上海男人那么好，那么先进啊？"

我愣了一下。这正是我曾经预期的反应，也是我写《啊，上海男人！》的本意；终于有人"读通"了这篇文章！但是，这究竟是怎么回事啊，为什么中文读者的反应完全相反？这与预设立场有关吗？

英国人发现《啊，上海男人！》如此有趣，文章所提出的问题如此复杂而重要，朗读不够，还要在朗读后进行讨论。讨论的主题就是文章的主题：当男性真的解放成温柔的好男人时，女性是否反而认为他们失去魅力？这种矛盾怎么面对？

除了我之外，BBC还请到一位专门研究阿拉伯社会的女学者，从回教社会的角度看问题。为了平衡，还想找一男性参与讨论，而这位男性最好持与我相反的论点，也就是说，他认为男人必须是孔武有力、强悍阳刚的，否则女人心底会瞧不起他。"你认识什么这样的男人吗？"制作人在电话中问我。

"哦，"我回答，"这样的男人台北很多，北京也显然不少，德国更是满街走。但是为了录音方便，你还是找个伦敦男人吧！"

距离约好的录音时间只有一天了，制作人从伦敦来电话，有点儿气急败坏："应台，糟了，政治正确在伦敦太厉害了，我找不到一个英国男人愿意代表那个大男人立场的！"

有这种事？我握着电话惊异不已，这世界真的变了。伦敦可是另一个上海？

录音时间到了。我坐在法兰克福的BBC录音室，其他的人坐在伦敦BBC的总部。最终也没找到一个"大男人"。出席的男性，杰夫，是伦敦《男性健康》杂志的总编辑，英国人。制作人先放我朗读《啊，上海男人！》的录音让他们听，再请与会者对文章发表感想。我听见叫杰夫的男人用标准的伦敦腔英语说：

"我太吃惊了。到今天我才知道，原来我是'上海男人'！龙应台描写的根本就是我嘛。我和女朋友同居好多年，她是个记者，比我还忙。我什么都做：买菜、烧饭、洗衣服……也洗她的衣服，当然洗她的内裤。我从来就没觉得这是女人的事，她也认为天经地义，并不因此认为我是什么特别的好男人。

做'上海男人'我觉得很舒服，怎么说呢？因为我没有非做大男人不可的那种压力，所以轻松多了。我事业可以失败，我可以懒惰，可以不拼着命上进，可以不竞争，可以哭，可以软弱，可以我行我素、自然潇洒。做大男人，多累啊！

看看周围的朋友嘛，也都和我一样什么家事都做。我简直不能想象那只是女人的事。做'上海男人'，挺好的，我喜欢。"

节目终了，制作人让我们听一段录音——她终于找到了一个非洲男人，用口音很重的英语说：

"我不可能去煮饭拖地，那是女人的事。我要是去做那些事，会被其他的男人笑死，所有的女人也要瞧不起我，使我抬不起头来。不不不，那我们可不是'上海男人'！"

《啊，上海男人！》在 BBC 国际电台上连续播了三次。

我没想到，《啊，上海男人！》会变成一篇"后设小说"，文章正文所描绘的现象是一个故事；不同文化、不同处境里的读者对文章的悬殊反应是另一个故事。究竟是我写倒了，还是读者读倒了？为什么读者之间差异如此之大？《啊，上海男人！》是侮辱或是赞美，最根本的大概还在于我们心中原已深植的价值观吧。

不过，以后上海滩上若是多了英国女人，我倒不惊讶。

举办男孩节，培养男子汉

陈建军

1997 年年初，龙应台在《文汇报》刊出《啊，上海男人！》，冠予上海男人男女平权先锋的荣誉。文章中，龙应台盛赞上海男人可以买菜烧饭拖地而不觉得自己低下，可以洗女人的内裤而不觉得自己卑贱，上海男人是世界的稀有品种，是 20 世纪追求解放的新女性所梦寐以求的。龙应台没有想到，素以温柔与惧内闻名于世的上海男人们立即群起斥之，辩论的结果以龙应台败北而收场。1997 年 8 月 14 日，委屈的龙应台又写了一篇《"我也是上海男人"》（收入本书时改名《上海男人，英国式》），希冀告诉人们最解放的男人就是最温柔的男人。

1998 年 5 月 10 日，由上海市少工委主办的上海市首届"男孩节"拉开了帷幕。举办男孩节，旨在彻底改变上海男孩中较为普遍的软弱、胆怯、豪气不足的弱点，塑造男子汉应有的阳刚美和社会责任感。

领着儿子来参加活动的丁先生心情矛盾，担心儿子成不了男子汉已不是一天两天了，同时，对于男孩节能够把儿子培养成男子汉心中无底。于先生自己上小学一年级的时候，由于父母都要上班，他每天清晨早早起来淘好米，放在小饭盒中，给自己和上幼儿园的弟弟带去蒸饭，然后，肩上背着两只小书包，一手拎着饭盒，一手牵着弟弟，先送弟弟到幼儿园，自己再去上学。放学后，领了弟弟回家，在煤球炉上烧饭，随后一边做功课，一边和弟弟玩。有时父母上夜班，就独自领着弟弟睡。于先生想不通的是，儿子读小学五年级了，每晚都要等他睡着了，大人才能离开他的房间，不然就哭着喊怕；打雷的晚上，不挤在父母中间就根本不敢睡。儿子常被表妹刮鼻子羞，表妹小他两岁，处处却表现得小大人似的。于先生让儿子自己来参加男孩节活动，好话说了几箩也无济于事，直到儿子眼泪滚到腮边了，在妻子的嘟囔下，于先生不得不放下手头正忙着的事。

上海市少工委的人士说，孩子们举办的活动，超过一半的主持人是女孩子。记者看到，主持男孩节的是两个男孩子，照理是千里挑一选出来的主持人，年龄小也应该有一点游刃的功底，但他俩不时会紧张得说漏了嘴，而上台祝贺男孩节开幕的四个女孩子，面对着频频爆出的闪光灯，没有一点过敏的症状，手势和动作优雅娴熟。

男孩不只在表达能力上逊色于女孩子，组织能力上同样如此。据不完全统计，上海市少先队小队干部中。百分之八十以上是女孩子。举办全市性的男孩节，早已形成了需要。较长一段时间以来，上海一些中小学红红火火开展的"寻找男子汉工程"活动，目的就是要解决男孩子们普遍缺乏阳刚之气的问题，在男孩子中倡导男子汉精神。

体育运动是男子汉辈出的最佳场合，社会学家们说，落一叶而知天下秋，体育竞技上的阴盛阳衰表明并非只是上海的男孩子们缺少阳刚之气。

给男孩子们设立"男孩节"，上海市此举在全国尚属首创。社会学家邓伟志教授说，男孩子阳刚之气的缺乏，同他们的精神导师关系密切，上海的母亲们存有重男轻女的观念，男孩子们绝大多数是由母亲带大的；在教养过程中又不可避免地表现出对男孩子的溺爱，而男孩子成长过程中需要的"营养"是摔打等挫折，此外，男女教师比例严重失衡，一些坚守岗位而没有流失的男教师，终日被女同事包围着，逐渐表现出被同化的症状，弄得男孩子们娘娘腔十足。

龙应台的 "不安" 和她的 "上海男人"

孙康宜

　　自从去年龙应台的《啊，上海男人！》一文刊出后，听说整个上海像 "龙旋风" 横扫过一样受了震撼。各种不同的 "上海男人"（包括旅居海外的成员）纷纷向出版该篇文章的《文汇报》提出抗议，抱怨此文作者 "侮蔑" 上海男人、忽略上海男人乃为真正 "大丈夫" 云云。有趣的是，这阵龙旋风终于吹向国际的领域，《啊，上海男人！》的英文版在 BBC 国际电台上连续播了三次，并引起与中文读者完全不同的反应。西方听众的大致反应是："上海男人真好，真先进。"

　　是怎么样的文章会引起如此矛盾而众说纷纭的反应？就如一位读者所说，"读龙应台，让人入世，让人痛楚、激动，想和人争吵"（李泓冰，《龙应台与周国平》一文）。在她最近的散文集《我的不安》中，我们得到了一个结论：那就是，龙应台是个充满了 "不安" 的文化批评者，因此她也会带给读者各种各样的 "不安"。

就是这种字里行间的"不安"带给《啊，上海男人！》一文的挑战性与复杂性。实际上该文是称赞上海男人体贴太太，而且从买菜、烧饭、洗碗到洗衣，什么都做：

> 上海男人竟然如此可爱：他可以买菜烧饭拖地而不觉得自己低下，他可以洗女人的衣服而不觉得自己卑贱，他可以轻声细语地和女人说话而不觉得自己少了男子气概，他可以让女人逞强而不觉得自己懦弱……

然而，另一方面，读者却从上下文中隐隐约约地看到了"大男人主义"的影子：作者再三强调，这样百依百顺的"上海男人"常是被女人"虐待"的男人，是被控制的小男人。文中引用了一位二十五岁的上海小姐的话："长得像个弯豆芽，下了班提一条带鱼回家煮饭，这就是上海男人。我要找北方人，有大男人气概。我就是愿意做个小女人嘛！"

尽管龙应台本人不一定赞同这位"小女人"的观点，但她那倾向于不做主观判断的笔法使得上海读者将作者和文中的女性角色混为一谈了。许多上海男人觉得受了侮辱。但更有意思的是，一些喜欢从事心理研究的读者就利用这个机会开始分析起龙应台的心理状况了。我认为，在许多读者反应的文章中，尤以这种心理分析最引人注目。例如，在他的《捧不起的"上海男人"》一文中，沈善增把龙文说成是一篇"缠绵悱恻的祭文"，祭的是作者心目中理想的男子形象。他以为，在理论上龙应台从上海男人的身上找到了梦寐以求的理想男性，但在感情上她又嫌这样的男人不够"男子气"；

所以，龙应台其实"无意开罪上海男人，她与之过不去的是那个长久盘踞在她心头理想男人的偶像"。换言之，沈君以为龙应台的内心充满了一种矛盾的失落感。另一方面，吴正在他的《理解上海男人》一文中，分析龙应台之所以"误解"上海男人的原因：

> 当然，我们是不能对龙女士提出如此高的理解要求的，因为正如她自己所说，她是个台湾女人，且还在美欧俄菲什么的生活了多年。待到她发现了这个形如"弯豆芽"的"可爱"的上海男人一族时，她已是两个孩子的母亲啦。于是，对于那个"弯"字之中所可能蕴藏着一股怎么样的韧性与张力，她便也永久失去了可以在共同生活之中加以全面观察深刻体会的机缘。

有趣的是，诸如此类的评论都把龙应台的"旋风"文字看成是对上海男人基本品质的嘲讽。至于龙应台本人，她则对这样的反应感到惊讶。她说："我的文章引起辩论是常事，引起完全离谱的误解倒是第一次，而这误解本身蕴藏着多重的文化意义，令人玩味。"

作为一个生活在美国三十年的华裔读者，我特别对这种"误解"的文化意义感到兴趣。我认为"阅读"是极其个人化的经验，它的涵义常随个人的文化背景及价值观而定。比如说，我曾把龙文仔细看过，但我的读后感与上海读者的反应完全不同。我自始至终以为龙应台感到"不安"的对象不是"上海男人"，而是上海女人。她担心上海女人在追求解放的过程中，把"权力"（power）等同于"权利"（right）。在"妻管严"的环境中，有许多上海女人或许一味得意于自己的"权力"高涨，因而虐待自己那温柔体贴的丈夫。她们不但不感激男人的帮助，反而嫌他们不够男子气。结果是，上海男人虽然解放了，上海女人仍未得真正的解放。实际上，真正的解放必须建立在"权利"的分享，而非在控制对方的"权力"上。所以，龙应台问道："为什么当女权得到伸张的时候，男人就取代女人成为受虐者？难道两性之间无可避免地必须是一种权力的斗争？"总之，龙应台最关切的还是男女之间真平等的问题。

然而，与龙应台不同，上海人似乎并不关切两性平等的问题。对他们来说，实际生活的需要比理论上的考虑来得重要。就如一位女性读者所说，"上海的男人也比较识时务，但识的并不是'男女当平等'的妇运道理。虽然他们个个说男女平等是应当的，在上海根本不是什么问题，而是'经济是基础'的道理……既然老婆也就业挣钱的，而且是'同工同酬'，一定要老婆烧饭这句话就不大好说了"（胡妍）。另外有些读者则把上海男子的务实视为求生存的一种谋略：

> 上海不少把"怕老婆"挂在嘴上，或装作"怕老婆"的男子，实际上是并不怕老婆的，这只是他们在夫妻关系中的一种善意的"谋略"……（陆寿钧）

> 上海男人的这种"谋略"倒确是让女人给熏陶出来的……上海的男性在全球范围来说，是最辛苦的。他们要在家庭中充当一个很不容易的角色，这使得这些男子在夹缝中练就了一种生存、斡旋的本领……有"谋略"的上海男人，毕竟是

有风度的！（王战华）

　　上海男人的生命哲学是尽可能地礼让出生活上的种种细节来满足他们的所爱者，从而为自己换取更广大的事业的思考空间——而这，不就正是上海男人的高明之处？（吴正）

　　最令我感到惊奇的是，这些有关"上海男人"的言论好像是在描写与我结婚三十年了的丈夫。现在我才知道，原来我嫁了个"上海男人"。对我来说，"上海男人"已成为一种普遍的"好男人"类型，它不再受限于上海或任何一个地区。据我个人的观察，这样的男人确是最务实的人；他看见他的女人比自己还忙，就心甘情愿地帮忙家事，因为他知道这是建立和睦家庭的最佳秘方。这样的男人有时或许会显得太认真或顽固地追求完美，但绝不是"小男人"。他们下厨，有时是为了造就女人，有时是为了个人的兴趣。但无论如何，做家事绝对不会抹杀了他们的大丈夫气概。

　　这样的"上海男人"基本上是采取了老子的"柔弱胜刚强"的哲学。与一般所谓的"大男人"不同，他们拥有极高的生活智慧，也深切了解"知其雄，守其雌"的深刻道理。他们知道，婚姻生活比纯粹的爱情要复杂得多；成功的婚姻在于日常生活中两性之间的合作与妥协，它需要无比的耐力与胸怀。虽说他们无意在家庭中取得"权力"，但由于他们凡事照顾对方的"权利"，凡事以温柔忍耐的态度照顾对方，结果反而取得了左右整个家庭的主权。老子所谓"将欲夺之，必固与之"，乃是这个道理。我始终认为，"权力"是极其微妙的——愈是以强硬的手段急欲取得它，愈是得不到。反之，若以虚心和"为天下溪"的精神来对付一切，则权力自然会到手。

"上海男人"的复杂性乃在于他具有"以柔胜刚"而获取权力的本领。若把这样的男人看成"小男人"，则是一种严重的文化误解。我想这也是令龙应台极其不安的地方。尤其在性别关系上，中国的新女性往往有意无意地扭曲了"两性平等"的意义；她们常常以咄咄逼人的方式，企图取得控制对方的"权力"。结果是，她们不但没有得到真正的平等，反而在争取女权的层次上，一直站在原地上，甚至退了步。这或许是由于多年来阶级斗争所造成的影响，也可能是对现代西方的权利概念的误解。

龙应台的"不安"促使了我对中国女权运动的重新关注。而她所提出的"文化误解观"更触发了我对文化问题的反思。其实"误解"有时比轻易的"了解"还要来得深刻，因为"误解"常常显示出个别文化的不同价值观。如何从误解进到了解，如何促使不同文化之间的交流——这也正是我多年来研究深思的重点。

很巧，不久前龙应台在北大演讲"文化的误解"这一主题时，我正在北京。当天晚间我与朋友提早一小时抵达北大，因恐临时找不到座位。谁知会场早已挤满了人，连会场的入口都走不进去。最后幸而有人领我们爬到"外国来宾席"上，才勉强能坐下来。

我知道，"龙旋风"又吹到了北京，不知这次演讲又会激起怎样火辣辣的文化对话呢？

瑞典来信

应台兄：

刚读大作《啊，上海男人！》，忍俊不禁！听罗多弼说，你推荐我读此文，因我也是从上海来的，大概属"上海男人"一类。不过，我读后并未像你说的那类"上海男人"暴跳如雷，倒觉得你写的是实情。其实，现在很多"中国大陆男人"都是如此，因此有中国文化需要"壮阳"一说，王朔等作家成立的公司叫"海马公司"，因为"海马"是一味壮阳之中药也。我看你是有些少见多怪，或是多见别种男人，故此奇怪世上竟有此类异种。

真正有意思的其实是"上海女人"或"中国女人"，即你文中写的那种出了国"目中无男人"的现代女性。如不是讨她们喜欢，"上海男人"何至于此？古云"女为悦己者容"，如今却是"男为悦己者下厨房"。从这一点来说，妇女之地位确实不一般了。中国女人从来不讲公共的权力。皇帝让男人做，最多"垂帘听政"，其实听不听政也无所谓，这才叫"实际的解放"。有些西方男人或是北欧男人吧，以为到东方可以娶回侍候自己的女人，因为他们也真不堪本地女人"虐待"（你文中语），结果却没想到要回一个"上海女人"，是个雌老虎。不久前我在朋友家吃饭，桌上就有这么一对夫妇，瑞典男人向我诉苦，说他自从娶来一位"上海太太"，从此家里只能吃中餐，要吃三明治也只能上街自理了。"上海女人"好不威风！

罗多弼看你写到瑞典男人受虐待，颇不以为然，认为无中生有。看来"瑞典男人"看了你的文章也会不高兴。你说的联合国报告我不知道。不过，瑞典的平等部长确实发表过文章，说瑞典男人堪称世界典范。1995 年北京开联合国妇女大会，瑞典拿到了"平等奖"，这位男平等部长（现已下台）也去了，提出了开"世界男人大会"的动议。"瑞典男人"也真是可爱的。

我既沾"上海男人"的边，又是"瑞典男人"，真是三生有幸！

M．P．于瑞典

日本来信

龙应台女士，您好！

我是个住在日本的英文翻译。

看完《我的不安》这本书之后，忍不住提笔写信给您。我的中文还写得不太好，请原谅看不清楚的地方。我只想用中文告诉您我的看法。

第一次看见您的名字就是在《亚洲周刊》的新闻，内容关于新加坡，很有意思。从那时候起，我一直想看您的作品，去年总算有机会买到了。对日本女人来说，《啊，上海男人！》也有趣。跟那位英国女性一样，我真是觉得"上海男人那么先进"。住在到处都有"所谓"大男人的日本，我敢加上"令日本女人很羡慕"的一句。看您的文章，我想起来了一件事。从前跟上海来的男人一起吃饭，他把菜分盛到我们女人的小碟子里。您大概觉得这是应该做的，其实，北京人、南京人、其他人……连台湾人都一样，但是日本男人绝对觉得这事是女人应该做的，所以，我们日本女人都大吃一惊，也有非常感动的："中国男人多么勤快啊！！"

可惜，您的上海读者的反应跟我不一样，和"面子"有关系吗？他们的文章透露出优越感和自卑感。

我也想感谢您写了《反省之可疑》。看完之后，我的心情好多了，至少一位亚洲人认识"日本人这个亚细亚的孤儿有很多种"。Yes，哪国人都有很多种，国家和个人不可混为一谈。我们都应该回避 Stereotype 的魔鬼。"××人就是这样……××人还是那样"，这样的说法太无聊。

不用说，承认历史，反省坏的事，不可缺少。

认识您的作品，我非常快乐。

太感谢您了！

三千惠

金钱，使人腐败？

在上海见到一个"下了海"的文化人。几个还在岗位上的文化人坐在他所经营的饭店里，享受他所提供的精美菜肴，大谈文化的失落。最失落的，竟是老板。他苦着脸，指责自己越陷越深，离原有的文化理想越来越远；金钱，使人腐败。

他的忧郁与自责使我想起大陆传媒上对商品经济所带来的贪婪风气的种种批判。文人从商，以"下海"称之，就像从前人说良家妇女"下海"伴酒一样，是斯文扫地，是自甘堕落。

我向来理解权力使人腐败，金钱，却是一个可以化腐朽为神奇的东西。一个人有了钱，他就可以放手去求取知识，可以在国内国外游走，可以使家人丰衣足食。因为他有钱，他可以不斤斤计较，可以不钻营奉承，可以不小头锐面。资源的充分，使他比较容易成为一个教养良好、宽容大度、体恤弱者的人。当他行有余力，他可能在乡里间铺桥修路、救济贫苦；当他飞黄腾达，他可能在社会上成立各种基金——残疾基金帮助照顾残疾，文化基金鼓励艺术创作；他也可能在学校里设置奖学金，策励学子，为国育才。

一个国家有了钱，它就比较容易做到"老有所终，壮有所用，幼有所长，鳏寡孤独废疾者皆有所养"。老人福利、失业救济、幼儿培育、残障孤儿的照顾，都需要金钱的促成。有了财富的基础，一个社会比较可以逮到"谋闭而不兴，盗窃乱贼而不作，故外户而不闭"的境界。

现在对经济狂潮大加鞭挞的忧国之士不妨看看欧洲的心路历程。我们现在看到的欧洲，是一个环境优美舒敞、人文气质高尚的地方。公园池塘里的天鹅悠游自在，无人打扰。路边野生的红艳苹果自开自落，无人撷取。搭地铁公车进进出出全凭个人诚实购票，不需检查。生了病去看医生，只要留下地址就可以接受治疗，账单以后寄来。张贤亮和朋友在欧洲餐馆吃饭，忘了付钱。走出餐馆了，侍者才追来提醒，态度婉转客气，毫无猜疑的神情。

这样的雍容大度，对不起，不是天生的民族性，它其实是经济的塑造。如果张贤亮在 50 年代来到战后民生凋敝的欧洲，侍者对忘了付账的客人可是要怒目相对的。战后的德国小孩在大街上抢美国大兵从吉普车上丢洒下来的巧克力糖，满脸胡髭的潦倒男人在马路上弯身捡拾烟蒂，年轻的女人千方百计接近英美大兵以换取丝袜和口红。

马歇尔经援计划实施之后，德国经济开始复苏。钱，使人们活动起来。经济发展所带来第一个狂潮是"吃潮"。人们拼命买吃的东西，谈吃的话题，做吃的计划。文化批评家们在报章杂志上也就拼命批判国人的贪吃丑态，"斯文扫地"。但是当然，评者自评，吃者自吃。"吃潮"稍退，在50年代初，紧接着涌起"冰箱潮"。那白白方方的一大件，装得下好几天的吃食而且保持不坏，举国为之疯狂。男人女人努力工作、积极向上，不为救国救民却为了挣够钱去买个大冰箱。文化人或农人工人，聚在一起，不谈灵魂上的事情，却和左邻右舍比较冰箱的品牌。报纸上则充满义正词严的道德指控：精神污染、文化失落、道德沦丧；德国知识分子们沉痛地问：西方文化往哪里去？

四十年之后的德国，是一个连最底层的扫街工人都可以每年出国度假的国家。于是你看见他们的孩子彬彬有礼，他们的公车司机会等到最后一个乘客都安稳落座才再度启动，他们的餐馆侍者，见你没付账走了出去，还对你和颜悦色。你也看见他们的国家拨出大笔大笔的钱给饱受战乱的波斯尼亚难民、给非洲因饥饿而濒临死亡的儿童、给民生困顿、政治不安的俄罗斯。他们的大学，对全世界的学生开放，不收一文学费。

这种百川不拒的宽松，与民族性格关系少，与有钱没钱关系大。钱，当然不会凭空而来，它必须透过劳心劳力的挣取；如果这个劳心劳力挣取财富的行为叫做"贪"的话，那么"贪"有什么不好？它根本就是一个经济动力，使一个个人，不倚赖国家的豢养，以自己的力量求温求饱求物质的丰足；没有这个动力，社会的经济是停滞的，停滞在贫穷中。你说金钱使人腐败，我说贫穷使人腐败，匮乏使人堕落。"衣食足而后知荣辱"倒过来说就是，贫穷的压迫使人顾不及荣辱的分寸，那才是道德的沦丧呢。

在经济狂潮中我们所看见的人与人之间的倾轧欺诈、钩心斗角，究竟是来自对金钱的追求，还是来自对金钱追求的机会不均等？前者可以是君子之争，后者，却势必释放出一个人对社会最深最痛的怨愤；集合无数个个人的怨愤，那就是一股动荡不安的毁灭力量。孙文说，不患寡而患不均；我却觉得，在某个发展阶段，不患多而患不均。如果游戏规则是公平的，财富的追求可以推动社会，使它在物质不乏之余往精神文明提升；如果游戏规则是不公平的，传统价值的解体崩溃恐怕是无法避免的噩梦。

我多么希望那位"下了海"的文人老板能欣欣鼓舞地经营他的餐馆，大赚其钱。然后有一天，他的钱实在太多了，他成立了一个乡镇图书馆基金会，使最偏僻的小村子也有自己的儿童图书馆；他设置了一个个以他自己为名的文学大奖，刺激天下有志未成的作家竞技；他组织了一个翻译中心，使中文创作译成全世界都能读到的各种文字……唉，钱的好处太多了。有一天，当像他这样的人在中国比比皆是时，谁知道，中国说不定还要经援美国和德国呢。

腐败不腐败在于公平不公平；金钱，倒是无辜的吧。

龙应台这个人

胡美丽

龙应台与我从小一起长大。她逃学的时候，我也背着书包一块儿离家出走。街上逛着无聊，就去偷看电影。两个女生背着书包，不容易混在人群中假装是别人的小孩携带入场，只好去爬戏院的后墙。裙子都扯破了，土头土脸地翻身落地，却让守候着的售票员一手拎一个人，扔出门外：两个十岁大的女孩。

读台南女中的时候，她就是个思想型的人。学校的功课不怎么在意．老是在前十名左右，却很用心地看罗素、尼采的哲学书；半懂不懂地看。放学之后，我把头发卷起来，换上花哨的裙子偷偷去和男生约会，她却只用她纯净的眼睛望着我问："你跟那些男生谈些什么呢？"我认为她是嫉妒男孩子喜欢我。

《野火集》的个性大概在高中就看得出来。龙应台特别瞧不起一位地理老师——他不但口齿不清、思绪紊乱，而且上课时专门重复自己的私生活故事。上地理课时，我们一般人就乐得打瞌睡、传纸条；下了课跟老师也毕恭毕敬。龙应台却疾恶如仇似的，一见到这位老师就把头偏开，别说鞠躬招呼了，连正眼也不瞧他。后来基隆有个学生用斧头砍死了一个老师；女中这位地理老师私下问龙应台：

"你是不是也想用斧头砍我？"

龙应台的回答：

"你有这么坏吗？"

1970年，我们又一起进了成功大学外文系。脱离了修道院式的女校环境，龙应台似乎渐渐受了胡美丽的影响：她也开始交男朋友了。成大的女生本来就少，龙应台长相并不吓人，跟其他女孩子比起来，又是一副有点"深度"的样子，所以追求她的人很多。可是我常笑她保守，仍旧迷信"男朋友就是将来要结婚的人"这回事。她当然没有跟当年的男朋友结婚；到现在，她还会问：是谁灌输给我们的观念，女孩子交往要"单一"？差点害死我！

我想我比她聪明。

二十三岁，她一去美国就开始教书——在大学里教正规的美国大学生如何以英文写作，如何作缜密的思考。对一个外国人来说，这是莫大的挑战。

"美国人心胸的开阔令我惊讶，"她来信说，"他们并不考虑我是一个讲中文的外国人，却让我在大学里教他们的子弟'国文'，认为我有这个能力。你想台湾会让一个外国人教大一'国文'而不觉得别扭吗？"

三十岁那年她取得了英文系的博士学位，同时在纽约教书；教美国小说、现代戏剧。她的来信仍旧很殷勤，带点日记的味道：

> 到学校很近，但是要跃过一条小溪，穿过一片树林。所以我经常是一条牛仔裤、一双脏球鞋的模样在教课。秋天了，今早的小溪满是斑斑点点的枫叶。昨夜大概下了一点雨，水稍涨一点，就把我平常踏脚的石头淹住了。我折了一束柳枝当桥过。森林里的落叶踩起来哗啦哗啦的一路跟着我响，横倒在草堆里潮湿的腐木都盖上了黄色的枫叶。
>
> 我坐下来，陷入干叶堆里。满山遍野遍地都是秋天燃烧的色彩。唉！三十岁真好！可以对天对地对世界，不说一句话。我不想赞美也不想道歉，不觉得骄傲也不心虚；整个森林也无话可说……
>
> 很想念台湾，但是不晓得是不是能应付那边的人情世故？

不管能不能应付，她回来了。回来一年之后，就开始兴风作浪。写文学批评，得罪不少作家还有作家的朋友；写社会批评，得罪了大学校长与政府官员。可是得罪不得罪，龙应台的作品像一颗大石头丢进水塘里，激起相当的震荡。《龙应台评小说》出书一个月之后，就连印了四版；《野火集》的文章经常在中学、大学的布告栏中张贴。

一把野火

龙应台，读者对"野火"专栏的反应你满意吗？

　　我收到的来信的确很多。从《中国人，你为什么不生气》在去年 11 月刊出以来，我几乎还是平均一天收一封信的样子。来信中 95% 表示支持，有 5% 却采取一种自卫的态度，把我对台湾的批评看作攻击。我说台湾脏乱，他就说：怎么样？外国月亮圆是不是？！我说我们的教育要改革，他就说：怎么，外国就没有问题是不是？！

　　这一类人非常感情用事，没有自剖自省的勇气与理性，常使我觉得沮丧。所幸这是少数。我们的年轻人却很有自我批评的精神，很有希望。

你是不是真的有"外国的月亮圆"的倾向呢？有人批评你说，你拿台湾和欧美比较，台湾当然显得落后；可是如果和印度或东南亚一些国家比，台湾其实可爱得很，你说呢？

　　我讨厌这种自慰心理。当然有些国家和地区比台湾好，有许多比台湾差；但是为什么要跟差的比？我也不在乎哪国的月亮圆。别人确实比我们干净，别人确实尊重古迹，别人确实珍惜自然生态——我就不能不说，因为我们要警惕、要学习。至于因为说了别人好，而被指为"不爱台湾"或"崇洋"等等，那也无所谓。

你能够分析为什么你的文章吸引人吗？

　　也不见得吸引人；很多人是不爱看的。在内容上，许多人受"野火"吸引，因为觉得它"敢说话"。但是这个理由令我觉得悲哀。在一个真正基于民意的民主社会里，"敢说话"应该不是一件了不起的事，因为人人都有权利"敢说话"，人人都"敢说话"。我以"敢说话"而受到赞美，对这个社会其实是个讽刺。

　　至于写作技巧上，"野火"之所以有人读，可能与我"求真"的原则有关。

　　我尽量不用辞句美丽而意义空洞的语言，譬如什么"人生灿烂的花朵"或什么"青春的滋味"之类。我也不用成语；熟烂的成语在读者脑中会自然滑过，不留任何印象。可以用白话表达的，我就不用文言古句——所以我的文章和大部分中文系训练出来的作品风格上差异很大；也不尽然是我不用，基本上，中文系的人大概识字也比我多！

　　我不喜欢模糊或抽象的字眼。甚至在说最抽象的观念时，也希望用最具体的生活经验与语言来表达。

　　是不是做到了当然不见得。这也不是唯一的写作方式。

批评的材料会不会写完？怕不怕重复？读者会不会对你厌倦？

　　当我开始重复自己的时候，读者当然会厌倦，那就表示我应该停笔。说些不痛不痒的话，不如不写。

你对台湾的言论自由尺度满意吗？

开玩笑吧？！任何有良知、有远见的知识分子都不应该对现有尺度觉得"满意"，除非他没有独立思考的能力或诚实的勇气。

那么《野火集》又能怎么样？

也不见得能怎么样。不过，你注意到我通常避免讨论事件本身的枝节，而着重在观念的探讨。譬如省农会对养猪户片面解约的事，我所关注的不是农林厅应如何解决问题，而是老百姓对政府的观念。"野火"的每一篇大致都在设法传播一种开放、自由、容忍与理性的对事态度。能有多大效果呢？写作的人也不问成果吧？！做了再说。

你并不在意别人说你很"擅于推销自己"？

我若有心推销自己，大概就不会推辞掉那么多人要求我演讲、座谈、上电视、访问了。不过你说的不错，我不在乎别人怎么说我。我认为《龙应台评小说》是本重要的好书，我就说它重要、说它好。并不因为它刚巧是我自己写的就特意去谦逊掩饰。我觉得特意的谦逊，目的在迎合传统、迎合大众的期望；我对迎合没有兴趣。如果因为我不愿意作假，而说我擅于"推销"或"狂妄"，也悉听尊便。

我的人生里没有那么多时间与精力去揣测别人对我的看法与评价；该做的事太多了。

譬如什么？

譬如在夜里听雨，譬如和喜欢的人牵着手散步，譬如听一支不俗气的歌，譬如到田埂上看水牛吃草……

发觉龙应台是个女的，大家都吃一惊。在行文之中。你会不会有意掩藏你的性别？

女人！女人！

把我当做男性。固然是因为"龙应台"的名字非常男性化，主要却因为我的文章是属于理性、知性的。我们的社会把男女定型，认为男的刚、女的柔，"女"作家就非写风花雪月、眼泪爱情不可。就让我的文章风格作为一种反证吧！你说它是对这种男女定型传统观念的挑战也未尝不可。要讲"软"的作品，无名氏的爱情小说不"软"吗？怎么不称他为"女"作家呢？

"软"作品并不等于"坏"作品，但是不能以性别来区分；我们有的是多愁善感的男人或坚强理智的女人，都没什么不对。至于认为只有男人写得出思考缜密、笔锋锐利的文章来，那是愚蠢无知的偏见。

不过，男女问题好像是你胡美丽的领域——怎么问我呢？我对女权不女权的没有什么兴趣！台湾的妇女好像蛮平等的嘛！我有个男同事就常说：你看，贾母不是掌大权的吗？婆婆的地位不尊贵吗？中国根本就是个母系社会。

放屁！

别激动呀！

说这种话的男人简直缺乏大脑。他不想想看贾母的权是熬过多少年、多少阶层的痛苦而来的？在没有变成虎姑婆之前，哪个女人不是从女儿、媳妇、妻子、母亲一步步过来？掌权之前她过什么样的生活？更何况，掌权之后的婆婆也倒过来磨媳妇，使另一个女人受苦。用这个例子来证明中国传统男女平等简直是幼稚。

听说你也常收读者来信？

是啊！女性来信大多表示喜欢。年轻的男人有时候会写"胡美丽我爱你"——很诚恳的。年龄大一点的男人就会写侮辱性质的信，用很难听的字眼骂我。

不难过吗？

一点也不。这些人骂我，代表保守的阻力；如果没有这样的阻力，胡美丽的文章也就没什么稀奇了。

可是当女性来信支持我的观念，我就很快乐；表示台湾逐渐地在形成一个新女性的自觉；很慢很慢，但是比没有好。

喂。到底是谁在访问谁？龙应台，你别喧宾夺主。谈谈你的异国婚姻吧？！

那是我的私生活，不想公开。

你为什么嫁给一个外国人？

你为什么听交响乐？那是"外国"音乐。

你对中国男人没有兴趣吗？

胡博士，结了婚的女人还谈对男人的兴趣吗？你是不是缺乏一点道德观？

迂腐！迂腐！迂腐！

结婚并不是卖身、卖灵魂。受异性吸引的本能不会在你发了誓、签了约之后就消减了。结了婚的女人当然有权利同时喜欢丈夫以外的男人，只不过，为了保护她当初的选择，她或许不愿意让那份"喜欢"发展到足以危害到她婚姻的程度。但是她尽可以与丈夫以外的男人做朋友，甚至做谈心的知交。他们可以坐在咖啡屋里聊天，可以去看场电影；总而言之，可以很自然而亲近地交往。

我不能想象一对年轻男女结婚签约之后就说：从此，我只有你，你只有我。与异性的来往一刀两断，以后的一辈子，不再有异性感情的存在。

这种囚禁式的关系不是很可怕吗？

听说许许多多的女性杂志及电视台都找过你，想做访问，你都坚持不肯"曝光"，为什么？

我不像你呀，至少还出了一本书，有一点成果。我才写了那么零星几篇短文，算得了什么。我觉得我根本还没有出来"曝光"的分量。

更重要的原因是，胡美丽还有些"爆炸性"的题目要写——譬如性；写出来大概骂我的人会更多一点。现在就出来演讲座谈的，等于自找麻烦。我希望在不受打扰的情况下写作。

你喜欢"胡美丽"这个名字吗？

喜欢极了，因为它俗气；人有俗气的权利。"胡美丽"也是"不美丽"的意思，代表我。

还是谈龙应台好不好？

挂铜铃的老鼠

《龙应台评小说》才上市一个月就印了四版，还上了金石堂的畅销书单。出版界的人士说批评的书卖得这样好非常难得。你的反应呢？

我写书评其实抱着一个很狂妄的野心：希望推动台湾的批评风气，开始一个锋利而不失公平、严肃却不失活泼的书评，而且希望突破文坛的小圈圈，把书评打入社会大众的观念里去。《龙应台评小说》有人买，使我发觉或许这个野心并不那么"狂妄"，或许台湾确实有足够的知性读者，了解书评的重要。

我很快乐，知道自己在为台湾文学做一件很重要的事——虽然只是一个微不足道的起步。

不要得意太早；一本书能起多大作用？

没关系！有起步就好。我一个人的努力，就像一滴水之于大海，太渺小。可是这样一本书传递了几个重要的讯息：它告诉出版商，只要写得好，批评也是有市场的，那么出版商就比较愿意出批评的书。它告诉有能力写评论的作者：批评是可以有读者的，使作者愿意写大家都认为吃力不讨好的评论。它更告诉读者：文学批评并不一定枯燥可厌。

我迫切地、迫切地希望多一点人来加入我的工作：写严格精确的小说批评、诗评、戏剧评，甚至于乐评、画评。中国人的客气与虚假不能带到艺术创作里来。

你的批评很受文坛的敬重，可是也有不少人说，龙应台这么敢直言，因为她是女的——大家对女性还是"宽容"一点。或说，因为她不会在台湾生根，人事关系就比较不重要。或说，因为她不认识文坛中人，所以没有人情负担。更有人说，她有博士学位可恃，当然理直气壮。你认为呢？

第一点不能成立。我写了颇长一段时间，大家都以为我是男的；没有什么"宽容"可言。

说我不认识人、不久居台湾，所以能畅所欲言，这是对我个性的不了解。如果我是回来定居的，我一样会写批评。认识了马森之后（而且很喜欢这个人），我评了他的《孤绝》，照样"六亲不认"。马森这个作家也很有气度；他刚巧也同意我对他作的批评，在新版的《孤绝》里就做了一些更改。

会因为我的专业批评而恨我的人，我不会作为朋友；胸襟开阔的人可以作为朋友，也就不会被我得罪。道理很单纯。

至于说我有博士学位可恃——对呀！做文学批评，我所"恃"的就是我背后十年的学术训练，不恃这个，我就只有肤浅的直觉与不负责任的感觉可言，怎么能写批评呢？博士学位没什么可耻。

总而言之，用各种情况来解释"为什么别人能写批评而我不能"，我觉得，是一个软弱的借口。支持一个艺术家的，往往就是一个独立不移的个性，对人情世故过分屈服，就不会有真正的艺术。

你很自负？

一点也不！柏杨在好几年前就写过一篇文章呼吁书评的重要。他说了一个故事：几只小老鼠会讨论如何对付一只凶猫；最好的办法是在猫脖子上挂个铜铃，那么猫一来铜铃就叮当作响，小鼠儿就可以躲起来。

主意是好极了。却行不通——谁去往猫脖子上挂铜铃？！

我只是个自告奋勇去挂铜铃的老鼠——这有什么了不起？更何况，我不是井底之蛙，以为天只有这么大。严格的文学批评在欧美根本是理所当然的稀松常事。我做的不是什么惊天动地的大事。没有自负的理由。

因为你受的是西方的学术训练；如果有人说你是以西方的文学理论模式套在中国的作品上。同意这种说法吗？

完全不同意。

首先，以我的英文博士学位而断定我的批评模式必然是西方的，这犯了逻辑上的错误。任何对我作品的论断必须以我写的白纸黑字为凭，不能以我外在的头衔或背景下理所当然的结论。

至于我是不是以西方观点来评论中国文学，或者更精确地说，以西方理论模式"套"在中国作品上究竟有没有意义——这个问题不那么简单。

我认为，用西方的某些理论来诠释中国古典文学，譬如用心理分析中的象征来读李商隐的诗，确实可以偶尔另辟蹊径，但总是末流，不重要。如果以它来"评价"古典作品，那就毫无意义，因为文学批评的标准离不开文化传统的架构。东西文化差异太大，以西方理论来判定中国古典作品的优劣就好像用金发碧眼三围的标准来要求宋朝的美女一样不合理。

可是现代作品就不同了。当代的中国台湾作家——看看白先勇、张系国或马森，甚至于所谓"乡土"的王祯和、黄春明或陈映真；哪一个没听过什么叙事观点或意识流，谁不熟悉所谓"存在的意义"或"现代人的孤绝感"？

难道你在说，现代的中国台湾没有自己独特的文化？

不是。譬如张系国的《游子魂》系列处理的就是中国台湾人特有的难题，还有其他作家的作品。我的意思是说，现代的中国台湾作家与西方的知识分子有一个共通的"语言"，他们所认知的世界不再是一个与外界绝缘的世界。中国台湾作家所用的写作技巧——譬如象征，譬如内心的独白等等（想想王文兴的《背海的人》）——也为西方作家所用。而西方作家所关切的主题——海明威的个人尊严或卡夫卡的孤绝感等等——也为中国台湾作家所感。

所以我只批评中国台湾的现代小说。在这种多面的、开放的、交流式的文化环境中，我认为我所做的不应该称作以"西方"理论来评定"中国台湾"作品；应该是，以"现代"理论来审视台湾"现代"作品。重点不在东西之"异"，而在现代之"同"。前者不可行，因为东西之间缺乏"共识"；后者可行，因为东西之间有一个共通的语言，那就是属于现代的写作技巧与主题。

那么你现在所用的理论够用吗？

就我短程的目标来说，够用。短程的目标就是先把真正凶猛的批评风气打出来，一部一部作品来琢磨针砭。希望更多的人来写批评。但是就长程目标来说，当然不够。台湾必须树立起独具一格的批评理论，用来容纳东西共通语言之外独属中国的情愫。也就是说，中国终究要发展出一套自己的批评体系来。这，恐怕要许多人十年不断的共同的努力。

你会出第二本批评吗？

不知道。

一方面，责任感的督促使我觉得必须一篇一篇写下去。另一方面，我觉得很疲倦。一篇书评要消耗我很多的时间，很大的精力，实在辛苦极了。有一次一位编辑对我说："你要多写一点，因为大部分的作家都有工作，没时间写书评！"我哑然失笑。他忘了我也有"工作"；写作只是我的副业，我的正业是教书、带学生、做学术研究……

报酬也很低，不是吗？

对，稿费低不说。台湾有各形各色的小说奖、戏剧奖、诗奖，甚至于文艺理论奖，就是没有批评奖！我现在写批评除了一点责任感的驱使之外，几乎没有什么推力要我继续。我很希望有两件事发生：第一是有人设置一个批评奖，用很重的奖金来鼓励批评的兴起。第二是有人给我一笔学术经费（grant），与我定个契约，专门让我写书评。我可以用这个钱来买书，找资料，用助手，等等。

要有这种实际的力量来支持我（或者其他有能力，有心献身批评的人），这件事情才真正做得起来。靠一点个人的"责任感"，太不可靠了。

胡美丽与龙应台

在公开场合，你为什么从来不承认你和我胡美丽是至交好友，是知心的伴侣？

我并不完全喜欢你。你有女人的虚荣心：喜欢美丽的衣裙，喜欢男人，喜欢男人的爱慕。你的文章完全以女性的观点为出发点，而且语言泼辣大胆，带点骄横。我写文章的时候，并不自觉是"女性"，而是一个没有性别、只有头脑的纯粹的"人"在分析事情。

笑话！我才看不惯你那个道德家、大教授的派头。难道写《野火集》的人就不会有优柔寡断的一面？多愁善感的一面？柔情似水的一面？愚蠢幼稚的一面？你不肯承认我，恐怕是我太真了，太了解你的内在，你在隐藏自己吧？！

或许。随你怎么说。

原载 1985 年 9 月号《新书月刊》